U0093773

劉千瑤 著
經歷生命的道路
一個基督徒的信仰見證
基督徒行走在通往神國的過程中，最重要的是行在耶穌基督的道路上，遵行聖靈的引領，順服神的旨意。有主同行的路程，是安心、安全、輕省的人生道路，能享有富足的心靈、豐滿的生活，更有恩惠、平安、喜樂的生命。

領略生命的大不同

2019年《經歷生命的奇蹟》出版。2021年《經歷生命的道路》也相繼出版了。這兩本書可視為姊妹作，是我信主十二年來的個人見證。《經歷生命的奇蹟》是見證我個人所經歷的各種驚奇，無法用常理解釋的事，有許多非自然的現象在其中；而《經歷生命的道路》範圍就擴大很多了，除了我思、我聞、我見之外，還有很多神對生命的看法，屬於神的見解，是對人的勸告和提醒。神對我說：「視野宏觀，要由上往下看，才能看得清楚。」（用神的眼光看世界）神的宏觀視野，人難望其項背。我在書寫《經歷生命的奇蹟》之時，並不知道神還會再使用我書寫《經歷生命的道路》。對於生命的道路，神顯然比我更清楚未來的路程，當我願意將生命的主權交給神，便成為神使用的器皿。凡與神同行，便會有神蹟奇事伴隨著。神使用我的見證，讓世人明白，神的存在是歷歷可證。「回轉靠人自己，翻轉是神的工作」，神不僅能改變一個人的生命，也能翻轉一個人的生命，而我正是親身經歷的見證人。

我有記錄神話語的習慣，我很清楚沒有主，我不能做什麼！我只是比一般人愛做筆記，愛把神給我的話語，以及浮現腦海中的意念，記錄下來而已。記錄下內容和想法並標上日期，因此能清楚明白，神在何時因何事對我說話，又是在何時因何事讓我看見異象、作異夢，並能在事後，印證之前的預言。書中所有記載，發生在我身上或他人身上的神蹟奇事，都是確實發生且歷歷可證的，能夠為主寫見證，是因為在我身上發生了太多奇妙的事。神使用我見證祂的奇妙作為，希望世人知道，真的有一位神，我們的所言所行，祂都知曉，人不應該再昧著良心來行事為人。現在每樣記錄都能儲存在雲端，難道神無法記錄每一個人的一生，在我們面對祂時播放給我們看？每一筆都應該是清清楚楚的吧！因為凡走過必留下痕跡，而走向神的足跡也不會消滅！我能清楚感知聖靈的同在，使用方言與神在靈裡溝通，是神賜予的莫大恩典，我很珍惜也絕不濫用恩賜。

開始書寫本書前，我在異象中看見一位廚師，穿了全身裝備，一隻手拿著鍋子，一隻手拿著鏟子。原來是神的督促，告訴我一切已經就緒，可以動工了。我聽從主明確的指示而行，祂曾對我說：「僕人就是主人叫你做才做，不叫你做就不做。」主權在神，祂有自己的時間表，僕人就是聽從主人的指示去行就對了。因為和主很熟悉，有時會為了一件事，多次求問祂。結果祂回覆我：「只要睜開眼睛跟著走，就對了！」這裡的睜開眼睛，不只是身體的眼睛，還有心中的眼睛，那是更能察覺神的心意的眼睛。主的話語簡單而直接，即使是用異象、異夢來傳達，也是容易明白的畫面。主的方式總是簡單而明確，主的教導相當及時且掌握重點。因此是我隨時的幫助，在動筆寫作的過程中，並非都是順利的，有時會不知如何繼續。這時最好的方法，就是禱告交給主，而主自然會用祂的方式回應我。往往在隔日的清晨四點多的時候（我稱為主的時間）就會有意念不斷地進來，我就起身將這些話語記錄下來。我依靠主來提示我，引導我的寫作方向，書是這樣完成的。本書中取材了聖經中的幾卷書，這都是主提示要書寫的，並非我的構思。神顯然要以這幾卷書來引導我們的生命道路，為了讓不熟悉聖經內容的讀者，也能讀出神的用意，因此引用了完整的段落，其中穿插說明，讓讀者能理解書卷內容。其實個人才疏學淺，對於聖經的熟悉度，有點熟又不算太熟，和受過神學教育的專業傳道人，自然相去甚遠。因此藉助大衛·鮑森牧師的深入見解，提供讀者幾卷書中的寶貴知識。神在我書寫某個主題時所提及的人物，在一開始，我是十分不解的，但是當我再次翻閱聖經時，有了不同的看見，頓時明白神的用意。藉由神的光照，我也打開心裡的眼睛，就有不同的看見！

在領受聖靈之後，能夠藉由聖靈與神交流溝通的基督徒，並不少見，很多人有同樣的經歷。我的啟蒙老師大衛·鮑森牧師，我拜讀了他的每一本著作，對於基督信仰有進一步的認識，我很認同他的理念，也佩服他用愛心說誠實話的道德勇氣。他鑽研解釋聖經，本身擁有靈恩經驗，具備屬靈恩賜。他希望基督徒不僅更加認識聖經真理，同時也更深切地明白神的心意！因此他幫助人進入聖經，也進入聖靈，因為兩者缺一不可。他在自傳中這樣說：「巧合還是神蹟？幸運或蒙引導？我從好多例子中，證明恩主的手在我人生中一路指引，與主同行的生命，就是會充滿驚奇，我與聖靈，已經建立了更有意識的親密關係。主總是有祂獨特的方式，來考驗我們對祂的順服，我不得不學習去分辨，聖靈在我靈裡的催逼，學習回應祂要我去做的，要我去說的。聖靈是最好的導師，賜給人非凡的洞見和精確度。我經歷許多神蹟奇事也醫治過很多人，這說明主如何引導我順服祂的帶領，並在其中，讓我親眼看見出於祂的作為。在不知所措，不知如何因應的時候，向聖靈求救，祂必會伸出援手。服事主，永遠不會單調乏味。我從來不曾努力去打開這些門，而是主替我打開，把我推出去。只不過，祂不必太用力推就是了！是憐憫人的主把未來隱藏，直到我們預備好了才能面對。我曾經也是沒有安全感和缺乏自信的人——除非我開口講起道來。如果出於神的旨意，祂會負全責，遇到困難，向主禱告，求祂來安排。禱告蒙應允，心中充滿感恩和驚喜。我回憶並記錄了神的恩典與慈愛，在這一生一世伴隨著我。」我在大衛·鮑森牧師身上，看見順服神旨意的僕人，如何接受神的引領，如何與主同工。他的一生按自己的恩賜和呼召來過日子和服事！他堅持傳講正確聖經知識，也與聖靈同工，運用屬靈恩賜，影響力遍佈全球。更使無數的人，在他的教導中獲益。他一生中經歷的諸多神蹟奇事，見證神的奇妙作為！讓有類似經歷的我頗有共鳴感。與主同行是充滿趣味的，祂總是幽默風趣，帶給人無數的驚奇，祂關心我們生命中的所有大小事，是我們隨時的幫助。沒有人能 24 小時跟著我們，而能夠 24 小時常伴左右的也唯有神。我們很需要祂時刻的保守與看顧。

身為基督徒，能夠確實感知，神的同在並與祂同行，是充滿恩典與祝福的。神不僅翻轉我的生命也翻轉我的人生，不要害怕神介入我們的人生，正因為聖靈內住，因著祂的引領與幫助，我們才有機會過豐滿的人生。神應許我：「你可能做不到那樣的程度，但是神會幫助你的。」生命充滿挑戰與無數的考驗，走進耶穌基督裡，就能領略生命大大的不同。我是位蒙大恩的女子，我所認識的神，希望大家都有機會認識，也能享受祂同在的美好！「福音傳給願意相信的人」，但是相信前必須先要認識，這位三位一體的神，希望我的見證能夠幫助大家，認識這位又真又活的神！

目錄 CONTENTS

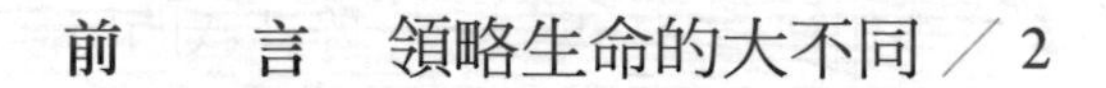

第 1 篇

聽見神的聲音

大部分的時候，神用意念和我溝通，一句話浮現腦海，我知道那是神在對我說話。有些話語，簡單直接到幾乎不像是神會說的話，我們總以為神的話語，一定十分晦澀艱深、深奧難懂，但是神總用我能明白的話語，直白的對我說話。耶穌說話不會拐彎抹角，祂總是直接說出事實，提出祂的意見。在很多的溝通中，我發現祂比我更了解我自己，令我完全信服，因此能十分放心的全然交託給祂。

生命的答案

一直以來，我對於探索生命的過去、現在和未來，有著濃厚的興趣，我喜愛閱讀，不斷地在書本裡找答案。記得小六的那年，我買了一本書籍《星球碰撞》是在說彗星可能撞上地球，地球經歷了幾次冰河期，地球歷史的演變，在地球四十多億年前都經歷了些什麼？我喜歡追本溯源，書上說：「宇宙的起源是源自一場大爆炸，所有星球是炸裂的碎片，因為不斷快速旋轉，所以都以圓形的狀態存在。」我也喜歡考古學，好奇又有哪些文物出土，能藉此推測當時的人是如何生活？在一切都講求科學證據的年代，科學家努力說明一切。四十多年過去了，新的理論推翻舊的理論，不同的科學認同產生了不同的觀點。我還是沒能找到關於過去、現在和未來的答案。現今是資訊爆炸的年代，想要取得訊息十分容易，但是真假難辨、魚目混珠的也很多。我曾經那樣相信科學，以為科學可以解答一切，視宗教為迷信、不科學。直到我真正走入我的耶穌基督裡，才發現原來最重要的一本書是《聖經》，慕迪曾說：「《聖經》不是用來增加我們的知識，乃是用來改變人生。」

《舊約聖經》中，神給我們很多人物的生活實例，讓我們從《聖經》人物的事蹟中，驗證出原則加以應用，就可以避免重蹈覆轍，或付上昂貴的代價，我們從其中學習人生的智慧；到了新約時代，神差祂的愛子，道成肉身，以人的形像，來到這個世界，宣講天國的福音。耶穌明白表示：「我的國不屬這世界！」祂來是為了從這世界救些人，能到神的國裡去。耶穌是講說最多地獄景象的人，因為唯有祂最清楚明白地獄與天國（天堂）。天國、神的國、天堂（通俗說法）是指同一個地方，是有神同在的地方；而地獄是沒有神同在，但是有撒但及魔鬼（墮落天使）同在的地方。事實上，地獄的景況也存在這個世界。每個社會都存在「黑社會」，它是罪惡的集合，所有可能發生的事都在那裡。而天國是所有良善的集合，人無良善、聖潔無法進入神的國，那是天國子民的準則。這個世界尚無天國景象，因為沒有一個地方會是這樣的景況，「人不爭奪，而是給予，是合作而不是爭競。」所以天國對人來說太過抽象了。因此，耶穌用很多比喻，很具體的說明天國，以及要進入天國的準則和方法。但是人們如果只用肉體的耳朵、眼睛來感知這一切，將會是「聽也聽不懂，看也看不清。」，必須打開神賜給人「心裡的眼睛」、「屬靈的耳朵」才能接收到。所以看懂《聖經》很重要，因為它是通往天國的指南，看著指南必須遵照去行，否則空有豐富的《聖經》知識，一樣是沒有用的。「坐而論道，不如起而力行。」

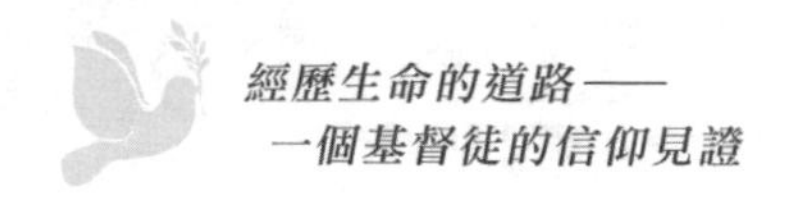

耶穌的比喻與神蹟

耶穌來，不只說了很多比喻，也行了很多神蹟，而耶穌行神蹟都帶著目的，祂總是以神蹟為例來說明原則。祂讓這些原則淺顯易懂，是要我們每個人從中得益處。耶穌所言所行的，完全都是為了愛人的緣故。不懂得「愛」的人，無法進神的國，因為那是一個充滿愛的大家庭，你要懂得怎麼「愛人」和「被愛」。所以耶穌說：「最大的誡命是盡心、盡性、盡意、盡力，愛主你的神。」「第二條誡命是愛人如己。」最後強調要「彼此相愛。」總之，要進神的國，必須「愛神」、「愛人」，而這些都是我們在今生要學會的功課。這功課看似簡單，做起來可不容易。

屬靈的感官

「神」是一個沒有具體形象的存在，因為祂是靈，靈無法用人的肉眼看見，卻能用「心裡的眼睛」感知祂的同在。當我們能夠打開「屬靈的耳朵」，就能夠聽見神的聲音，感知祂是一位又真又活的神。而我們在行走天路的過程中，非常需要神的同在，聖靈的引領，才能看清眼前的道路，行在正確道路上不偏離、不偏行。獲益的人生必然有神同在，天父希望祂的孩子在生活、家庭、靈性以及人際關係上，因為有主同在而獲益。有主同在會消除我們在人生過程中的恐懼，也會減少我們對人生結局的焦慮。我們不僅在人生中，享有神的同在，也享有神對我們生命的計劃。即使我們有神的同行，人生中仍然會遭遇挫折、困難和危險，而那正是考驗信心的時刻。我們在平順的生活中，不能特別感受到需要神的幫助而求告神，而在這樣的時刻，總是能夠看見神的奇妙作為，領受神的奇異恩典！

領受聖靈的洗禮

我在生命中最艱難的時候遇見主，生命因此得以改變（請參閱拙著《經歷生命的奇蹟》）。當一個人以戲劇性的方式信主，生命必然會有劇烈的改變，而我在其中，深深領受神同在的美好，神賜給我新的生命，在耶穌基督裡成為新造的人，舊事已過都變成新的了。我不僅領受人的水洗，也領受耶穌以聖靈施洗。「**約翰是用水施洗，但不多幾日，你們要受聖靈的洗。**」（使徒行傳一章5節）耶穌升天，應許聖靈保惠師，繼續引領基督徒過信仰生活。聖靈是神的靈也是耶穌的靈，耶穌以靈的狀態，進入基督徒心中。在五旬節那日降臨，在場有一百二十人領受聖靈。人們以為他們是醉了，彼得因而大膽講論：「**這正是先知約珥所說的，神說，在末後的日子，我要將我的靈澆灌凡有血氣的，你們的兒女**

要說預言，你們的少年人要見異象，老年人要作異夢。」（使徒行傳二章 16-17 節）《使徒行傳》這卷書，詳細記載了聖靈使用使徒和許多基督徒，使他們能行神蹟奇事，行耶穌在世時能行的事，所以《使徒行傳》又有聖靈行傳的說法。初代教會的基督徒，藉由聖靈所賜的各種恩賜及能力，將福音傳揚開來。

早期的基督徒

從位於西亞的以色列往西傳遍歐洲各地，整個羅馬帝國，信仰基督的人日漸增多。基督徒願意為主殉道，在經歷了幾個世紀的迫害，人數沒有減少，反而越形增加。直至西元四世紀，君士坦丁大帝在位，他是第一位信仰基督宗教的羅馬皇帝，基督徒的身分才受到保障。在這之前，為主殉道的基督徒不計其數。尼祿是西元一世紀時羅馬帝國的皇帝，在位期間，基督徒受到非人的殘忍對待及嚴重的迫害。在西元一～四世紀，基督徒的生命是非常艱難的生命歷程。信仰基督對人來說是很大的生命考驗，往往要付上生命作為代價，但這並沒有改變他們對耶穌的信靠。耶穌受害之後，將自己活活的顯給使徒看，四十天之久，囑咐他們不要離開耶路撒冷，五旬節聖靈降臨之後，發生了很多神蹟奇事，越來越多人悔改，受洗信主。被稱為基督徒是從安提阿教會開始的，意指信仰耶穌基督的人。

使徒行傳

《使徒行傳》記載聖靈不只澆灌在猶太人身上，也降臨在非猶太人身上，甚至猶太人不相往來的撒瑪利亞人身上。只要願意悔改信基督是主，受洗並加入教會的人，不管是猶太人或外邦人，都有機會被聖靈充滿，領受「說方言」、「預言」、「異象」、「異夢」的能力。聖靈將所有恩賜，隨聖靈的意思賜給尋求耶穌、追隨耶穌、傳揚耶穌的人身上。《使徒行傳》不只是教會執行的範本，也是教會擴展的宣教手冊。《使徒行傳》講述耶穌升天之後，聖靈依照耶穌的預告，降臨在使徒與眾聖徒的聚會場所。前半段講述使徒彼得，後半段講述使徒保羅，為耶穌傳講福音的過程中，經歷很多神蹟奇事。兩人都行過神蹟、見過異象、被聖靈充滿、放膽傳道、被關進監牢、因神蹟而獲釋、醫治過病人、趕過鬼、使死人復活、拒絕被人膜拜、向假教師宣告審判、為信仰受苦、都殉道死於羅馬。

《使徒行傳》裡最突出的其實是聖靈，因為其中有一些重大的決定是出於聖靈的引導，且處處是聖靈的作為。聖靈降臨在彼得和保羅傳講訊息或按手禱告的過程中，聖靈也會攔阻使徒往何處去，聖靈更提供了一切宣教擴展的動能，聖

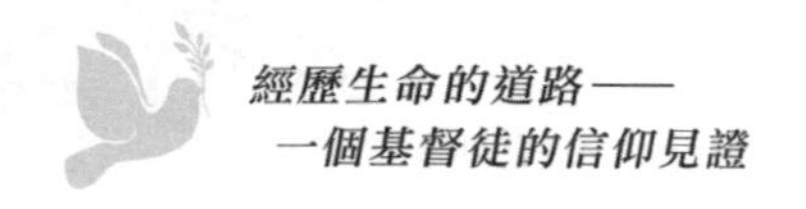

靈是使很多人願意相信耶穌，並有追隨基督的動力。《使徒行傳》中見證了聖靈大有能力，如何建立教會，使福音廣傳。

聖靈的大能

二千年來聖靈仍然運用祂的恩賜和大能，使更多人認識基督信仰。聖靈是個靈，看不見、摸不著，卻真真實實與基督徒同在。基督徒的禱告是向三位一體的神說話，方言禱告（靈禱）是藉由聖靈的幫助和神溝通，講說各樣的奧祕。因為是奧祕，所以開口發言的人自己也聽不懂，神只讓人知道人可知的部分，而隱藏不可知的部分。神是說話的神，因而有多種屬靈恩賜，都和語言有關：例如「智慧的言語」、「知識的言語」、「作先知」、「說方言」、「翻方言」。職份上的「使徒」、「先知」、「教師」、「說方言的」都是使用語言恩賜。

屬靈恩賜並不是賜給某些人的特殊獎賞，乃是為了福音的目的，使用這些屬靈的恩賜，是為了宣揚福音的緣故賜下的，不是為個人，乃是為眾人。當聖靈驅動我們時，我們就會是祂的聲音、眼睛和手腳，是屬靈的肢體，具有屬靈的感官，且有屬靈的感知能力。神按自己的時間表行動，揀選個人，賦予權能，並交託一些使命。各人領受不同的恩賜，是聖靈要透過不同的人，用不同的方式作工。數千年來神使用人的方式，雖然功能各異，方法也不盡相同。但是從舊約中記載，被神揀選差遣的先知，首先都是要能聽見神說的話，並且能和神溝通。新約中彼得聆聽聖靈的聲音，隨從聖靈，靠聖靈行事。保羅專注聆聽聖靈的聲音，隨從聖靈的引導，接受聖靈的差遣。可見奉差者必要能聽見差遣者的聲音，才能受差遣去行事。想要聆聽聖靈的聲音，需要尊神是靈，人是有靈的活人，所以只要靈與靈相通，就能明白彼此的心意，聽見彼此的聲音。尊重聖靈的引導，不要消滅聖靈的感動。我們除了有雙肉體的眼睛，也有雙心裡的眼睛，閉上肉體的眼睛，才能睜開心裡的眼睛。同樣的，要關閉肉體的耳朵，排除所有的雜音，才能夠使用屬靈的感官，聽見神的聲音。屬靈的感官有一套不同的接收系統，通常需透過聖靈來引導、傳遞訊息。這是為什麼受了「靈洗」之後，神的靈和人的靈開始有了連結和溝通。意念相通了，言語也就順暢了！

聽見神的聲音

大部分的時候，神用意念和我溝通，一句話浮現腦海，我知道那是神在對我說話。有些話語，簡單直接到幾乎不像是神會說的話，我們總以為神的話語，一定十分晦澀艱深、深奧難懂，但是神總用我能明白的話語，直白的對我說話。耶穌說話不會拐彎抹角，祂總是直接說出事實，提出祂的意見。在很多的溝通中，我發現祂比我更了解我自己，令我完全信服，因此能十分放心的全然交託給祂。我花了幾年的時間學會「全然交託」，又花了幾年的時間學會「全盤接受」，這都是在一次又一次的生命歷程中，作出的選擇。「當我的自我越多，神的掌權就越少；當神的掌權越多，我的自我就越小。」十多年的信主過程，我深深領悟，信靠主什麼好處都不缺，交託的越多，人生就越輕省。

越是順服越蒙福

我在與主同行的過程中，深知越是順服，越是蒙福。與主同工合作兩本書的過程中，我一再確認，這真是主要我做的嗎？因為我曾困惑，我的真實經歷太過玄妙，沒有相同經歷的人，會難以置信在我身上所發生的事。我不喜歡被誤解，也不想要被錯待！更不希望別人用異樣的眼光看我，我不是喜歡被注目的類型，習慣待在不被注意的角落。接受呼召就是要為主作工，沒有遠離人群的道理，我是很能獨處的性格，不愛人多的環境。我相信神在我尚未出母腹之前就認識我了，而祂深知我的一切！其實不明白祂因何選擇我來與祂同工，在各方面我都是相當的缺乏與不足。但是在主的引導下，服事的工作漸漸清晰，我也漸漸明白自己的角色，成為神堪用的器皿，是一生要努力的目標。與主同負一軛，並不需要擔憂，主會賜我夠用的能力，主比我更了解，祂賜下恩賜的用意，是為了成就祂的某些事工。主用許多方式和我溝通，「語言」、「異夢」、「異象」、「預言」，還有祂的「應許」。主是十分有趣的主，也十分有耐心地觀察我的回應，「甘心樂意」是祂召人跟隨的原則，主比人更尊重個人意願，祂有絕妙的說服方式，但是祂從不強迫人，祂尊重人的自由意志，不會強迫人去做任何事。

我的個性原本是容易為小事憂慮且容易緊張，情緒上並不喜歡被擾動，覺得平靜、安穩的生活最適合我了，我知道自己其實是難捨能夠睡到飽足的舒適圈。我不是一個在任何環境都能安然入眠的人，環境變動就不容易睡好，我的身體一直有過度警戒的問題，不是熟悉的環境，就需要依靠安眠藥物來助眠。身體比較虛弱的緣故吧！沒有充足的睡眠，就會產生大量掉髮，圓型禿就會一次又一次的找上我。我知道我找了太多的理由了，能夠聽見神的聲音，親眼見到神的奇妙作為，就是生命中莫大的恩典，我該感恩知足的與神同行，與主同工，順從聖靈的引領，為神的事工盡一分心力。

神的話語與異象

我多次在異象中看見神的呼召，並把這些感知都記錄下來，因為我的記性很差，忘性很大，所以需要用書寫筆記的

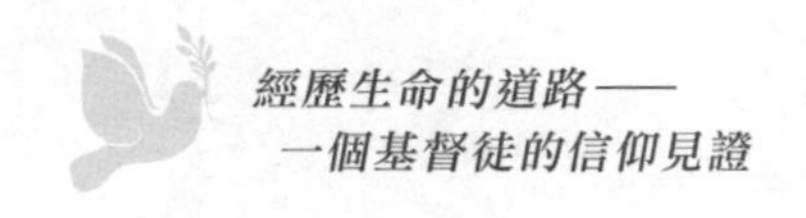

方式來協助記憶。我會標示事件發生日期，這些都是確確實實發生且歷歷可證的。

被主愛包圍（2019 年 12 月 12 日）

看見自己和主在深淵裡，周圍都是海水，是在海裡的深處。我沒有害怕也沒有恐懼，感到平靜、感到安詳，水是波動的，但是心是平靜且自由的。我的身軀如魚得水，在沒有壓力、沒有重力的狀態下，只有喜樂的心，只有微笑的臉和無比的安寧，一種很棒的狀態。我沒有游泳的技能，但是有主同在，沒有絲毫畏懼，沒有絲毫掙扎，是和魚一樣的悠然自得，水不是冰冷的，而是溫暖的，舒適的恆溫，讓我捨不得離開那深淵，因為一切是那樣的美好。海水是愛，而我被滿滿的愛包圍著。

非拉鐵非（2020 年 3 月 8 日）

一早醒來，「非拉鐵非」這個語詞就浮現腦海中，我知道這是一所教會的名稱，是《啟示錄》耶穌提及的七所教會中的一所。這七所教會代表著基督徒不同的生命景況，但是我不知道「非拉鐵非」對我的含意是什麼？當日這個語詞重複出現了很多次，讓我忍不住去翻閱《聖經》。「**你要寫信**

給非拉鐵非教會的使者，說：那聖潔、真實、拿著大衛的鑰匙，開了就沒有人能關，關了就沒有人能開的。說：我知道你的行為，你略有一點力量，也曾遵守我的道，沒有棄絕我的名，看哪！我在你面前給你一個敞開的門，是無人能關的。那撒但一會的，自稱是猶太人，其實不是猶太人，乃是說謊的。我要使他們來在你腳前下拜，也使他們知道我是已經愛你了。你既遵守我忍耐的道，我必在普天下受試煉的時候，保守你免去你的試煉。我必快來，你要持守你所有的，免得人奪去你的冠冕。得勝的，我要叫他在我神殿中作柱子，他也必不再從那裡出去，我又要將我神的名和我神城的名（這城就是從天上從我神那裡降下來的新耶路撒冷）並我的新名，都寫在他上面。聖靈向眾教會所說的話，凡有耳的，就應當聽。」（啟示錄三章 7-13 節）說實在的，「非拉鐵非」這個語詞對我來說是陌生的，我比較熟悉的是「老底嘉」，這所教會的屬靈狀態是「不冷不熱」，富有的教會，好像什麼都有，但也漸漸失去對神的倚靠和仰望，「神越大，人越小；人越大，神越小。」大概就是指這樣的基督徒生命景況。

非拉鐵非教會是一間許多信徒夢想的教會，它不僅得到主的稱讚，並且沒有士每拿教會的受苦和患難。對於非拉鐵非教會，主以聖潔、真實和大衛的鑰匙，應許為他們開福音的大道。主願意祝福非拉鐵非教會的事工，因為他們略為有

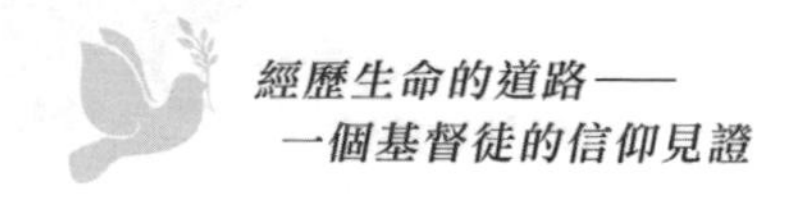

一點力量，也遵守主的道，沒有棄絕主的名。我們都是力量有限的人，主都知道，因此主往往要我們從小事做起，要我們先把小事做好，不要急著做大事。在我們有一點能力時，就遵守主的道，持守主的名。主就祝福，為我們開那又大又寬的門，使我們成為祂的使者，這是何等榮耀！神不會將傳福音給全世界的責任都交給一個人，因為沒有人擔當得起。只當說：「主啊！祢若願意，就讓我做祢的僕人或使女。祢要我做什麼，我就去做什麼。」耶穌說，為他們開了這福音的大門，是沒有人能關的，讓福音可以廣泛的傳開。非拉鐵非教會是七所教會中最小的，濟弱扶傾，一向是耶穌的作為！神給遵守主道的人有很大的恩典，就是要在普天下受試煉的時候，保守並免去他的試煉。非拉鐵非曾在地震中被毀，但教會柱子卻沒有倒下。不但沒倒下，還有力量去重新建立。主且要在其上，寫下三個名字，神的名，神的城之名，還有主的新名，這是何等榮耀，何等寶貴！

雙倍的賜福（2020 年 5 月 28 日）

在禱告中，我看見一個異象，有兩個靠得很近的水龍頭，正流出溫暖適中的水，沖洗著我的手，突然間水停止了，不再流出來。我感覺十分詫異，也十分不解這意味著什麼？「水龍頭為什麼是兩個，且同時流出水來？」「水是溫暖舒適的！」「水為什麼停止了？」這個異象在當下呈現時，真是讓我一頭霧水，「異象」、「異夢」、「預言」經常都是神有話要說。但是有時不是讓人馬上明白，需要過些日子才明白。

這個「異象」讓我百思不得其解，畫面很具體，但是含意是什麼？以我有限的腦袋實在想不出來，但卻引發我更大的好奇。我在睡前禱告時忍不住詢問主：「為什麼靠得很近的水龍頭需要兩個？一個就能洗手了，為什麼需要兩個？而水是溫水，是舒適的溫度，流下來的水讓人很舒服，但是為什麼一下就停止了呢？」雖然我只是看見（異象是清醒時，閉上眼睛，卻打開心裡的眼睛看見的景象）但是卻能感覺到水的溫度（屬靈的感官）既不是冷的，也不是熱的，而是溫的。第二天清晨醒來，神回應我：「水不再流，就向神祈求啊！」並解釋著：「神是一切的源頭，水龍頭要能流出水來，必須源頭有水啊！而神正是那個源頭，而兩個靠得很近的水龍頭，代表的是雙倍的賜福。」

神說話的方式很奇特，一般是「意念」進入腦海中，一句或兩句很具體的言語，而我知道是神在對我說話，因為那經常是回應我前一晚的禱告，而我正是因為「困惑不解」才求問祂的。而神的回覆，經常令我茅塞頓開、豁然開朗！神是深知我一切的神，因此許多時候，連人也不理解我的時候，我只能說給神聽，而祂總是即時的回應我，使我得到安慰，使我恍然大悟，使我知道該怎麼做才好。而我總是順服神的話語，順從的去做。祂是高過一切的存在，沒有理由不聽祂的。況且「神的意念，非同人的意念；神的道路，非同人的道路。」而我願意與祂同行，有祂為伴。否則，要能身處世界，而不屬世界，是何等的難啊！

小美人魚和老人與海（2020 年 7 月 2 日）

今天在異象中我看見自己跳入海中，然後成了一條美人魚。在海中身手矯健、怡然自得的悠遊其中。我的心中想著這個異象究竟有什麼含意？我想起了安徒生童話中小美人魚的故事。細細的想這個故事，就會知道神要對我說什麼？美人魚的畫面，絕對不會是突然出現的畫面。神要表達的是，為神作工是一種意願，信心和勇氣的結合，跳入海中，是我的意願和選擇。我本身是一個「旱鴨子」，其實最怕水，但是在異象中我非常自由自在，充滿喜樂與平安，因為周圍的海水，是神滿滿的愛，而我在其中歡喜快樂，有著無法言喻的暢快和滿足，像是神所嬌寵的小女兒，無憂無慮，徜徉在神的國度裡。要成為合神心意的女兒，當然是要付代價的。故事中的小美人魚，用美妙的聲音換取一雙腿，冒著可能化為泡沫的危險，勇敢的去追求她的愛情，雖然結局不如預期。但是她因一顆良善的心，對於王子是願意犧牲的愛（愛的最高境界），因而獲得神的憐憫，而有機會進入神的國度。在這個故事中，「王子」是耶穌基督，其中含意就清楚明白了。愛耶穌到底要有犧牲的覺悟，要不要「跳入」是我的決定，而神顯然是希望的，不然畫面不會從跳入海中作為開始。

接受呼召真的需要無比的勇氣和勇敢。非常湊巧的是，牧師當日講道，提及海明威的老人與海。這事真有其人，一個捕魚一輩子的漁夫，最大的心願是捕一條大魚，在漁夫年老之時，這個願望實現了。他捕了一條前所未見的大魚，在拖回岸上的過程中，引來一條鯊魚的覬覦，來爭奪這條大魚，漁夫奮力在海上和鯊魚搏鬥，但是最後拖回來的只剩下魚的骨骸，證明他真的捕了一條大魚。人類追求夢想實現的成就感，但是到了人生的終點，那只是帶不走的輝煌。任何事情成就都要付上代價，但是以永生作為代價，那才是值得追求的，因為今生終將過去，而永生存到永遠。一件事絕對不會有那樣多的湊巧和偶然，今日的異象和牧師的講道，很難不讓我連想到，這些都是神在對我說話，因為內容不謀而合，實在太奇妙了！

菜籃裡的女孩（2020 年 8 月 13 日）

在靈修時，我看見一個畫面，耶穌用手拉著買菜的推車，裡面有一個小女孩，她睡得很安穩，而我的感覺，那個小女孩正是我。這個畫面很難懂，我確實從小女孩時期就很愛睡覺，但是能夠睡得那樣安穩香甜，真是令人羨慕，更令人羨慕的是，拉著買菜推車的人竟是耶穌。我知道祂是耶穌，人的身形，但是從來沒有清楚看見祂的長相，但是我就知道是祂，因為我們很熟悉，祂是我的良人和恩友，是在平日裡和我說最多話的對象。我常問主：「祢覺得呢？」主是十分有趣的主，與主同行的人生充滿趣味。今日我才知道，我顯然多慮了，只要能安心的全然信靠主，就能如買菜推車裡的小女孩一樣睡得香甜。

三千煩惱絲（2020 年 6 月 16 日）

我一向很珍愛自己的頭髮，這一陣子又開始頻繁掉髮，每回為主寫見證，圓型禿就會找上我，每回都需要治療好久，頭髮總是長長短短看起來很突兀。有一回，我忍不住抱怨：「主啊！我的頭髮又掉了！」結果我做了一個異夢，是去參加一場華麗無比的裝扮大會。我忽然有了超多的髮量，頭髮又多又長，我開心的在大鏡子前，為自己設計各種的髮型，會場有人協助我把頭髮盤起來，並提供首飾配件，都是十分誇張且華麗的款式。在場的女士都穿戴的十分華麗，而且很快打扮就緒。而我光是弄個髮型就忙得手忙腳亂，不知如何才好！之後還要找適合的首飾和配件，還有適合的衣服和鞋子，場地很大，東西多得不知如何選擇才好，眼看著自己跟不上其他人，心裡好著急，只見自己跑來跑去，因為這些東西都放在不同的空間裡，所以找尋起來格外麻煩！

好累人的一場夢啊！三千煩惱絲，果真挺困擾人的。想想自己現在的髮量，反而是比較輕省沒有負擔的，這樣反倒好呢！主有時真的好有智慧，用這樣的方式回應我對掉髮的介意，其實主很恩待我，每回治療結束，頭髮就會長回來。

最美的妝容（2020年10月21日）

女人愛美是天性嗎？「女為悅己者容」可見裝扮是給人看的，有許多國家的女性，沒有化妝不敢出門見人，成了約定俗成的壓力。「神看人和人看人不一樣，人是看外表，神是看內心。」今日神的一句話：「別再搞些有的沒有的。」一語驚醒夢中人。昨日我為了一個想要修改的飾品，正和銀樓工作的朋友談論許久。自從將婆婆、媽媽給的項鍊、戒指，改換了樣子，感覺更實用了，就此一發不可收拾，很多事真是開了頭就沒完沒了。神的話，我一向是聽從的，馬上連絡朋友「不搞了！」。因為神愛我，在我被迷惑的時候，祂總會及時告誡我。而我也能馬上領會：「外在的裝飾是虛浮的，沒有必要花太多心思在這上面，一個人被看重的，不是外表的裝飾，而是內在的品格，才是最美的妝容。外表美麗，心地不美，一樣是沒有用的。」我明白神的提醒，是該就此打住了。人當以所有的為足，追求外在的虛華事物，不如問問自己，還有什麼更重要的事情要做？

神的工人（2020 年 8 月 3 日）

我最近為了一些事，有一些發懶，不想去做。覺得做了也是徒勞，何必去行動？正在三心兩意，舉棋不定的時候，神竟然對我說：「保羅是用兩條腿，你還開車呢！」是啊！神的工人不該偷懶，保羅的服事只用兩條腿，而我還開車呢！是該邁開步伐，大步前進才對，坐困愁城，也與事無補。神的提醒總能讓我馬上去行動！因為我知道，凡事聽主的就對了，後來事情果然比預期的順利，而且收穫甚多！與神同工，並不需要走在神前面，神和我們的關係，真的好像牧羊人和羊，神知道何時該休息，何時該前進。而祂也會有耐心的催促祂的羊，該上路前進了，而且用的方式很巧妙！

工作的禾場（2021 年 4 月 22 日）

我忍不住好奇的求問神：「主啊！我的禾場在哪裡？」我得到的回覆：「我的禾場是沒有範圍的禾場！」當中的

「我」應是指神自己。神讓我看見異象，我的身體不斷往上升，四周雲霧繚繞，我不斷地往上升，而我底下的土地，範圍就越來越廣了！就好像從飛機上看地面，離得越遠看得越廣！神給我的話語：「視野宏觀，要由上往下看，才能看得清楚。」我確實很需要用神的眼光看世界，才不會目光短淺，缺乏宏觀視野。

全備的軍裝（2021年4月25日）

一早醒來，看見一個畫面：「穿著全備軍裝的女戰士」難道這是我往後的角色？屬靈爭戰是耳熟能詳的話題！每回短宣時，都會多次被提醒。為主作工的人容易受到攻擊，這是為主作工的人需有的認知。當我邁開步伐之後，生命將充滿挑戰！這是保羅的提醒：「**我還有末了的話，你們要靠著主，依賴祂的大能大力，作剛強的人，要穿戴神所賜的全副軍裝，就能抵擋魔鬼的詭計。因我們並不是與屬血氣的爭戰，乃是與那些執政的、掌權的、管轄這幽暗世界的，以及天空屬靈氣的惡魔爭戰。所以要拿起神所賜的全副軍裝，好在磨難的日子，抵擋仇敵，並且成就了一切還能站立得住。所以要站穩了，用真理當作帶子束腰，用公義當作護心鏡遮胸，又用平安的福音，當作預備走路的鞋穿在腳上。此外又拿著信德當作籐牌，可以滅盡那惡者一切的火箭，並戴上救**

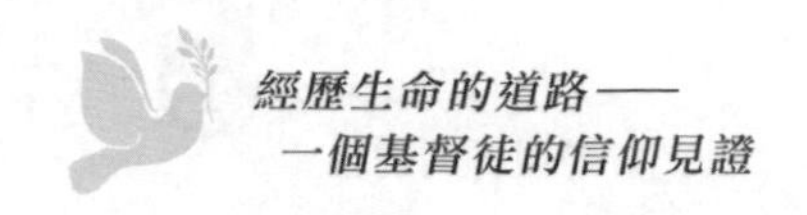

恩的頭盔，拿著聖靈的寶劍，就是神的道。靠著聖靈，隨時多方禱告祈求，並要在此警醒不倦，為眾聖徒祈求，也為我祈求，使我得著口才，能以放膽開口講明福音的奧祕。」（以弗所書六章 10-19 節）我明白神的旨意，為主作工不只是「禾場」的問題，還有裝備的問題，能夠善用裝備，才能克敵制勝。不管在什麼禾場作工，都要面對屬靈爭戰，不只是人，還有轄制人的惡魔，都是需要對付的角色。

屬靈的恩賜

神可以透過任何人來動工，祂會按需求賜下必要的能力。所以某些屬靈恩賜，似乎與特定的人有關連。神凡事都能，但並不表示凡事都做。至於神選擇做在誰的身上，主權在神，人只能遵從神的旨意而行。神所揀選使用的人，屬靈的權柄會從他身上自然流露。神差遣工人，必然提供可使用的工具供他使用，「工欲善其身，必先利其器」，神總是設想周到。神是超自然的存在，祂所提供的當然也是超自然的能力。屬靈恩賜是為了讓神的事工更順利，讓人更願意追隨神，知道神是又真又活的神。當人由聖靈領受恩賜，就可以去做以前絕對做不到的事，說出通常只有神會說的話，行出神所想要行的事。一個人得了恩賜的事奉，是為了榮耀神，而不是自己。神的選召是沒有後悔的，因此不會收回已經賜下的恩賜，事奉者只是聖靈所使用的器皿，能力在於聖靈。隨從聖靈的人，必然能敏銳地聆聽聖靈的聲音，感知聖靈的感動，隨從聖靈而行。

濫用屬靈恩賜

自從聖靈降臨之後，聖靈的能力可以常駐在我們身上。但是若人使用恩賜，是為了個人的利益為目的，那就是吃喝自己的罪了。到了那日，每個人都將獨自面對神的審判。一個人可能擁有聖靈的愛卻沒有恩賜，也可能擁有恩賜卻沒有愛。沒有愛的屬靈恩賜，是對人對自己都沒有益處的。保羅在《哥林多前書》十二章到十四章，說得非常清楚，他寫書信的目的，是有許多人濫用屬靈恩賜，為了彰顯自己的能力，造成很多亂象。因而保羅需要糾正他們的觀念，以神的眼光來看，祂真正感興趣的，不是我們擁有什麼，也不是我們能做什麼，而是我們是什麼樣的人。神看重我們的品格，勝過我們的能力。「**我若能說萬人的方言，並天使的話語，卻沒有愛，我就成了鳴的鑼、響的鈸一般。我若有先知講道之能，也明白各樣的奧祕，各樣的知識，而且有全備的信，叫我能夠移山，卻沒有愛，我就算不得什麼。我若將所有的賙濟窮人，又捨己身叫人焚燒，卻沒有愛，仍然與我無益。**」（哥林多前書十三章 1-3 節）保羅明白指出愛人的心，比擁有其他更為重要。唯有在愛中付出，才能使自己和他人都獲益。

無愧的工人

屬靈恩賜是聖靈隨己意分給人的，為的是神的事工。我們經常在尚不明白屬靈恩賜的功用時，就追求這些恩賜，而且是為了自己追求這些恩賜，並不知聖靈恩賜顯在各人身上，是叫人得益處，可見擁有恩賜是為了幫助他人獲益。「**我們曉得萬事互相效力，叫愛神的人得益處，就是按祂旨意被召的人。**」（羅馬書八章 28 節）可見蒙召的和被服事的人同蒙益處。神最看重人的內心，不良的動機，會產生不良的結果，因此我們必須先弄清楚，再去求恩賜。人最重要的，是管住自己的心，不要不當使用恩賜，圖謀自己的利益，這樣就和收錢為人辦事的神棍沒有兩樣了（神棍是指打著神的名義行騙的人）。凡事當求無愧於心，當個無愧的工人，才能有顏見主面啊！莫忘了最初追隨神的初衷。人在成功之後，容易驕傲高估自己，而漸漸地丟失了開始事奉神的初心。我們要謹記，離了神我們不能做什麼，事奉神所領受的恩典，一切也都來自神。神呼召事奉的人，也給呼召的人，清楚的異象和使命，叫人無可推諉，然而神呼召人，不只給予異象和使命，也給予同在的應許。因此，有神同在的人，豈可活得像沒有神同在的人一般。

神的攔阻

我的人生是因為信靠又真又活的神而能有今日，祂是我隨時的幫助，也是我問題的解答。自從能夠聽見神的聲音，知悉神會對我說話（心靈相通的意念），因此每當我有疑問就會求告祂，祂也總是很快給我回覆，我很清楚哪些意念屬於我，而哪些意念是來自神。我們經常對話，神的回覆有時也很出乎意料之外，有時甚至是敲醒我的腦袋，讓我頓時清楚過來。聖靈是真的會為我們擔憂，當我在做錯誤的決定時，祂會讓我有清楚的感覺。有一次，我為一件事情求告詢問主的意見。在隔天清晨天方亮的時候醒來，心裡感覺「不平安」，是一種難以言喻的心裡忐忑、焦慮不安感，一直無法平靜下來。我立刻知道這是神的攔阻，我做了錯誤的決定。當我改變了既有的決定，心中立刻有了「平安」，內心頓時恢復平靜安穩的狀態。「神的意念高過我們的意念」，祂是能預見萬事的神，沒有理由，不聽從祂的。我信賴神，把憂慮卸給神，並願意放手讓祂來處理。我和神有親密的關係，祂知道我的每一件事，每一個想法，也總是回應我，祂的看法。祂常伴我左右，多次出手救我脫離危險，讓我銘感五內，此生永不忘記。「我感恩所以我幸福，我幸福因為我感恩。」神賜福給感恩祂的人，而感恩是發自內心的感謝。

天國的子民

當人生將到終點，回頭看自己的人生，不免要問：「我怎麼看自己呢？」「別人怎麼看我呢？」「神會怎麼看我呢？」歸根究柢，「我怎麼看自己」「別人又怎麼看我」，其實都不重要；「神會怎麼看我」才是最重要的。祂才是能蓋棺論定，評斷我們每個人的那一位。神是 24 小時都與我們同在的神，祂保守我們的每一刻，也護庇我們的一生。今生是短暫的，來生才是永遠的。用今生換來生是十分恩典的事。但是想要來生也與神同在，當思考今生的所作所為。因為神不會允許一個短視近利、自私自利，凡事只為自己設想的人，進入祂的國。天國的子民是合作而不是爭競的關係，合作產生愛，而爭競產生恨，要進神國的人，請先收起「愛比較」、「好爭競」、「善嫉妒」的心，多多關懷身邊的人與事。人生沒有很長，不要在無用的事上浪費時間。

善盡責任

我最喜歡將一支原子筆完全用盡，再也寫不出半個字來，我會覺得就像一個完整的人生，從頭到尾善盡了責任，是無比的美事。廚師用鍋鏟炒出一盤盤好菜，我則用筆寫出一篇篇的文章。廚師的佳餚美味、營養又健康。我也希望自己禿筆寫出的篇章，能寫出神要我傳達的訊息。人生真的沒有很長，切記不要浪費生命，在無意義的事上，反其道而行，一切將是徒勞與枉然！

第 2 篇

生命考驗營

「我是誰？」

「我真的想作什麼人？」

「人生中真正重要的是什麼？」

「我要如何度過一生？」

人的一生，往往不知自己從哪裡來？不知自己因何身處這個世界？不知自己生命的終了要往何處去？我們赤裸裸的來到這個世界，也赤裸裸的離開。但是生命歷程總倍受檢視，就像一個生命考驗營。來到這個世界，除了看清這世界的真實（現實）樣貌，究竟還能做些什麼呢？

人生勝利組

「我是誰？」「我真的想作什麼人？」「人生中真正重要的是什麼？」「我要如何度過一生？」人的一生，往往不知自己從哪裡來？不知自己因何身處這個世界？不知自己生命的終了要往何處去？我們赤裸裸的來到這個世界，也赤裸裸的離開。但是生命歷程總倍受檢視，就像一個生命考驗營。來到這個世界，除了看清這世界的真實（現實）樣貌，究竟還能做些什麼呢？人的一生當中，大部分人汲汲營營地追求「財富」、「權力」、「名聲」、「地位」，而我們總是對這些身外之物，賦予太多的價值和意義，並期待這些能改變我們的一生。

每個人都期待自己成為人生勝利組，有著屬世的成功，過著令人羨慕的生活。自古以來「錢」和「權」，最最考驗人性，因為人心很難知足。有了財富就會想要擁有更多，加上「地位」、「名聲」才能顯出一個人的身價。中國的科舉制度「寒窗苦讀無人問，一舉成名天下知。」當了官有權、有勢、有名聲，自然會有錢，因為會有很多商人自動送錢來。官與商是互利的結構關係，不然寒窗苦讀所為何來？自古以來，華人從不諱言求財的重要性，五路財神「東」、「西」、「南」、「北」、「中」，每一方位都不遺漏。「福」、「祿」、「壽」、「喜」是富人最看重的四件事，人生求的正是這些。

所羅門王

《聖經》中有位人物，就是擁有這一切的人。所羅門是大衛王的兒子，是以色列的第三位王，他擁有令人欣羨的一切，所羅門可謂得天獨厚的天之嬌子。他的同父異母兄長，都曾和父親大衛王一起在戰場上爭戰，出生入死的共同打下江山。所以當大衛王要將王位傳給所羅門，為了王位的繼承問題，大衛王遭到親生兒子的追殺。而所羅門坐擁太平盛世，從父親手中接收豐厚的家底，因此國力達到頂峰。更重要的是，他得到耶和華神的喜悅，在二十歲登基為王，統治以色列四十年。他在年輕時對神非常虔誠，《聖經》中記載：「**在基遍，夜間夢中，耶和華向所羅門顯現，對他說：『你願我賜你什麼？你可以求。』所羅門說：『祢僕人——我父親大衛，用誠實、公義、正直的心行在祢面前，祢就向他大施恩典，又為他存留大恩，賜他一個兒子坐在他的位上，正如今日一樣。耶和華我的神啊！如今祢使僕人接續我父親大衛作王，但我是幼童，不知道應當怎樣出入。僕人住在祢所選的民中，這民多得不可勝數。所以求祢賜我智慧，可以判斷祢的民，能辨別是非，不然，誰能判斷這眾多的民呢？』所羅門因為求這事，就蒙主喜悅。神對他說：『你既**

然求這事，不為自己求壽求福，也不求滅絕你仇敵的性命，單求智慧，可以聽訟。我就應允你所求的，賜你聰明智慧，甚至在你以前沒有像你的，在你以後也沒有像你的。你沒有求的，我也賜給你，就是富足尊榮，使你在世的日子，列王中沒有一個能比你的。你若效法你父親大衛，遵行我的道，謹守我的律例、誡命，我必使你長壽。』」（列王記上三章5-14節）

所羅門王建聖殿

所羅門王在位四十年間，由於蒙耶和華賜福，他所統治的時代，是古代以色列史上最安定且繁榮的時代，並為耶和華神建造聖殿。大衛王時期想建聖殿，但是神不允許，卻允許所羅門為其建聖殿，從大衛王開始就為建造聖殿，預備建材，但是直到所羅門王即位之後，才開始建造，也完成在他手中。**「現在耶和華我的神使我四圍平安，沒有仇敵，沒有災禍，我定意要為耶和華我神的名建殿，是照耶和華應許我父親大衛的話，說：『我必使你兒子，接續你坐你的位，他必為我的名建殿。』」**（列王紀上五章4-5節）**「耶和華的話臨到所羅門說：『論到你所建的這殿，你若遵行我的律例，謹守我的典章，遵從我的一切誡命，我必向你應驗，我所應許你父親大衛的話。我必住在以色列人中間，並不丟棄**

我民以色列。』」（列王紀上六章 11-13 節）所羅門王是耶路撒冷第一聖殿的建造者，並有超人的智慧，大量的財富和無上的權力。

所羅門王的妻妾

以色列雖然只是一個夾在列強中的小國，但是所羅門王以他靈活的外交手段，避免與鄰國發生衝突，安定國家，所羅門王以和親方式，娶了強大鄰國的公主為妻，並保留他們各自的宗教信仰，甚至為了討好嬪妃，允許她們在耶路撒冷對面的山上築壇，燒香獻祭自己的神。「**所羅門有妃七百，都是公主，還有嬪三百。這些妃嬪誘惑他的心。**」（列王紀上十一章 3 節）所羅門王除了為神建聖殿，也為自己建造巨大的王宮，有許多殿堂和庭院，還有一座後宮是嬪妃們居住的地方，每一所房子都是用整齊的石塊砌成，並用香柏木加以裝飾，這座宮殿用了二十餘年才建成。

所羅門作王的初期，神與他同在賜他智慧，能以公平和恩慈治理以色列國。起初，在他得到財富和屬世的尊榮時，他仍然保持謙卑的態度，所以他的國力是強盛富足的，只是在他廣納嬪妃之後，生活變得極盡奢華。以色列只是一個領土不大的小國，一千個妃嬪需要多麼龐大的財力、物力、人力來維持，而且這些妃都是各國公主，自是不能輕忽怠慢的對象，國庫開銷何其龐大。

所羅門王遠離神

「**耶和華向所羅門發怒，因為他的心偏離，向他兩次顯現的耶和華以色列的神。耶和華曾吩咐他不可隨從別神，他卻沒有遵守耶和華所吩咐的。所以耶和華對他說：『你既行了這事，不遵守我所吩咐你守的約和律例，我必將你的國奪回，賜給你的臣子。然而因你父親大衛的緣故，我不在你活著的日子行這事，必從你兒子的手中將國奪回。只是我不將全國奪回，要因我僕人大衛和我所選擇的耶路撒冷，還留一支派給你的兒子。』**」（列王紀上十一章9-13節）所羅門王一死，公開的叛亂就爆發了，起因是由於沉重的賦稅和徭役。所羅門因為遠離神，神也遠離他，導致在他兒子羅波安執政時期，王國發生分裂，成為北國（以色列）南國（猶大）。從大衛王到所羅門王到羅波安王，才經歷三代人，王國就分崩離析。

所羅門王求智慧

所羅門向神求智慧，神賜下更多，除了智慧、聰明，還有富足、尊榮。所羅門確實是很聰明的王，他運用他的智慧言語，成為一種外交手段，為他帶來智慧名聲、財富貢物。最後這些金銀寶石及眾多貢物，又為他帶來榮華富貴。所羅門求智慧深得神的悅納，但他雖然得到智慧，卻因貪得無厭的雄心壯志，而使他逐漸離開神。從對神的依靠，轉為對國力、武力的依靠。初期的富強是恩及子民的，百姓都吃喝快樂，安然居住。中期的大興土木，為了展現國力，而龐大的財富除了帶給他個人的榮華，也使得國家在軍事軍備上壯大。

初期，所羅門的智慧帶來了富強，而後來，他的富強便代替了他的智慧，以至於他毫無智慧地，離棄了耶和華去敬拜假神。離棄神的結果，就是從國富民強，逐漸走向王國衰敗的命運。當一個人從倚靠神的心，漸漸變成依靠「名聲」、「地位」、「財富」、「權力」……等手段來維繫安全感的時候，基本上，也就聽不進神的勸告了，而等待他的，就只剩來自神的管教和懲罰。擁有一切的人必然驕傲，「驕傲」一直是最難以對付的問題，當人目高於神，距離失敗就不遠了。「**驕傲在敗壞以先，狂心在跌倒之前。**」（箴言十六章18節）所羅門的一生，對於每個人都是很重要的提醒，甚至是警戒！從峰頂滾下山坡，其實不用花多少時間。

神不只使所羅門成為王，還使用了他的生命故事。年輕時追逐愛情，寫下了《雅歌》。所羅門作王之後，自己寫了許多箴言，也蒐集了許多箴言（有些箴言來自以色列之外的地區），集結在《箴言》這卷書中。所羅門雖然是箴言的作

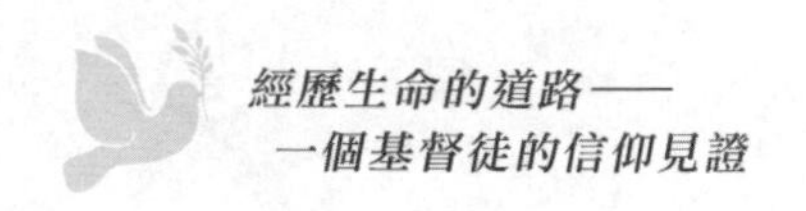

者，但他給別人的智慧似乎多過給自己的智慧，他以箴言（格言）的人生道理教導百姓，來保住以色列的和平、富足、穩定。只是連所羅門都沒有照自己所寫的智慧言語去做，因而年老時有了《傳道書》的感慨！

箴言的智慧

《箴言》涵蓋人生各個層面，九百條的箴言，幾乎涵蓋了人生所有的重要主題，常以對比方式來呈現（人生對照組）。箴言教我們活出美好的人生，箴言的智慧則能幫助我們，在走到人生的終點時，可以為一生的成就感到欣慰。箴言不是應許，箴言是格言，格言是對人生一般的觀察，有很多俗諺也一針見血，充滿智慧。「應許」是特殊的承諾，所以我們不該把箴言當作神的應許來使用。箴言中形容「智慧」和「愚昧」，是說兩者在道德層面的選擇和智力無關。人有可能腦袋很聰明，但在道德方面淨做蠢事。屬世的智慧是看什麼最有利，但聖經的智慧是看什麼對品格最好，這樣的智慧，不是建立在對世界的認識上，而是基於對神的認識。神若不向你啟示，你就會變得愚昧，所以智慧就是在生活的各種層面，操練神的同在，我們需要聖靈的幫助，才能明白神的心思。我們需要神的同在，並有神的智慧，來面對人生中大大小小的事，才能過真正有智慧的人生。

「敬畏耶和華是知識的開端，愚妄人藐視智慧和訓誨。」（箴言一章 7 節）箴言正是教導人如何運用知識成為有智慧的人，而愚妄的人藐視智慧和神的訓誨，所以成為愚蠢又狂妄的人。如果我們想要得著智慧，而不願當個愚妄人，《箴言》這卷書會給我們很大的幫助。

箴言既然也蒐集來自以色列之外的地區，這些話語必然有其普世的價值，最重要的，是神認同這些話語。神希望我們的人生是智慧，而不是愚妄的，想要智慧，就要敬畏神，向神求智慧，學習如何靈巧運用在生活上，並且學會如何待人處事，過正直的人生。箴言勸告世人要記念神、敬畏神、順服神。「記念神」是心中時時有神，為人處事時時牢記神的訓誨。「敬畏神」是智慧的開端，我們必要敬畏神，真正敬畏神，就什麼也不用怕，因為神是最大的依靠，倚靠神凡事盡享亨通與福樂。「順服神」能使人在所行的事上一切順利，神賜下律法和誡命，是為了我們好，是要幫助我們善用人生，過負責任的生活。

箴言包羅萬象

《箴言》的主題包羅萬象，都是真實人生中會遭遇的，通常以對比方式呈現，讓人一目了然，例如：「智慧和愚昧」、「驕傲和謙卑」、「真愛和情慾」、「財富和貧窮」、

「工作和休閒」、「主人和僕人」、「丈夫和妻子」、「父母和子女」、「親戚和朋友」，「生命和死亡」。箴言中詳述智慧人和愚昧人在思想、行為、處事方式，都有很大的不同。智慧人：審慎、明辨、合宜、聰明、睿智、避開不必要的後果、不輕易受欺騙。智慧人能分辨是非善惡，遇到狀況，懂得面對和處理。智慧人有計劃的能力，能夠善用人生。智慧人願意接受指正和責備。智慧人不靠自己的力量，追求神的真理光照。智慧人敬畏神，看重真理。而愚昧人：貪得無厭，不肯動腦筋、喜愛幻想勝於事實，喜愛歪理勝過真理。愚昧人愛譏笑人，總是嘲諷、批評。愚昧人總是虛度人生，生活沒有重點和目標。愚昧人無知、頑固、傲慢。愚昧人經驗淺薄，不負責任，容易受騙。愚昧人自滿、無禮、輕浮、粗魯、好辯。讀箴言是人們在日常生活中，對抗愚昧的重要利器，也是生命中很需要的提醒。

箴言中多處談及口舌引發的問題，話語是有威力的，殺傷力極大，有些話殘酷，笨拙又粗心，除了傷人也傷己，並且往往導致紛爭、不合、分裂，哪怕只是暗示或諷刺。話語可以摧毀人的自尊，能造就人，也能摧毀人。禍從口出，容易招災，不如謹言慎行，小心為上。許多人能言善道、舌燦蓮花，又喜歡信口開河，但是滿口謊言不如實話一句。話語不能取代行為，口舌不能改變事實，厚顏無恥的否認和最有力的藉口，終有被揭發的時候。話語也跟品格有關，因為什麼樣的人，就會說什麼樣的話。人有多少價值，說出來的話就有多少價值。這正是箴言要教導我們的智慧。

所羅門的傳道書

所羅門即使擁有智慧和聰明，仍然難逃世俗世界的掌握，難怪神說要保守我們的心，勝過保守一切，心的方向也是人的方向，防微杜漸（防備禍患的萌芽，杜絕亂源的開端），稍有不察就漸漸偏離正道，朝向難以挽回的結局。所羅門在功成名就之後，他沒有繼續按耶和華的智慧行事。所羅門書寫了智慧書，自己卻沒有徹底遵行其智慧，因而在他晚年寫下《傳道書》，當他寫這卷書時，生命已將到盡頭，對人生感到絕望和幻滅。

「傳道者說，虛空的虛空，虛空的虛空，凡事都是虛空。人一切的勞碌，就是他在日光之下的勞碌，有什麼益處呢？」（傳道書一章 2-3 節）所羅門感嘆他一生的勞碌究竟有什麼益處？所羅門的一生，確實做了很多事，他是一位勤奮的王，行了許多前無古人後無來者的創舉。年輕時為百姓斷案，兩位婦人爭奪一位嬰兒，他巧妙判斷出誰是真正的母親，而使他的智慧倍受肯定。他為神建造第一座聖殿，富麗堂皇，而聲名廣播。他娶了一千名妃嬪，後人難望其項背，建造巨大且奢華的宮殿來安置他的眾多妃嬪。他的外交手腕

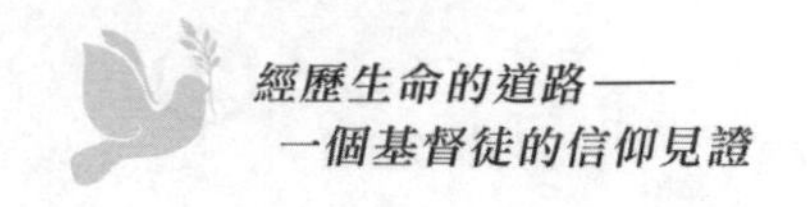

一流，賓客絡繹不絕，在他執政期間國泰民安，國富兵強，成就不可一世的輝煌。這樣的一位王，竟然在晚年為自己的所作所為，無限感慨，不勝唏噓！「**貧窮而智慧的少年人，勝過年老不肯納諫的愚昧王。**」（傳道書四章 13 節）可見所羅門晚年，清楚自己其實是愚昧的，因為財富使他從智慧人，漸漸變得愚昧。「人之將逝其言也善。」所羅門在垂暮之年，深刻反省自己的一生。

《傳道書》中的見解，就是他觀察的結果。一個權傾一世，享盡榮華富貴的王，走到人生快盡頭，竟然說人生一切都沒有意義，都沒有用，人生來去像是一場空。很多的名人、富豪走到生命的盡頭，想必都會有和所羅門一樣的感慨和感傷。

「我這麼努力賺得如此多的財富、權勢、名聲，卻在我走後歸於無有。」一個人得到的越多，要拋下的也越多。擁有的越多，不捨的也越多。而人一死，人生的一切意義，知覺存在，都會結束。「日光底下並無新事」，彷彿每個人的歷程和結局都是一樣的。「生、老、病、死」雖然都是一樣的，但是生命的過程卻是不一樣的，受到的試煉和試探也是不一樣的。

傳道書的體悟

「萬事令人厭煩，人不能說盡。眼看，看不飽；耳聽，聽不足。已有的事，後必再有，已行的事，後必再行，日光之下並無新事。」（傳道書一章 8-9 節）「凡事都有定期，天下萬務都有定時，生有時，死有時；栽種有時，拔出所栽種的也有時；殺戮有時，醫治有時；拆毀有時，建造有時；哭有時，笑有時；哀慟有時，跳舞有時。」（傳道書三章 1-4 節）

「神造萬物，各按其時成為美好，又將永生安置在世人心裡，然而神從始至終的作為，人不能參透。」（傳道書三章 11 節）「現今的事早先就有了，將來的事早已也有了，並且神使已過的事重新再來。」（傳道書三章 15 節）

「貪愛銀子的，不因得銀子知足；貪愛豐富的，也不因得利益知足，這也是虛空。」（傳道書五章 10 節）「事情的終局，強如事情的起頭，存心忍耐的，勝過居心驕傲的。」（傳道書七章 8 節）「無人有權力，掌管生命，將生命留住，也無人有權力掌管死期。這場爭戰，無人能免，邪惡也不能救那好行邪惡的人。」（傳道書八章 8 節）「這些事都已聽見了，總意就是敬畏神，謹守祂的誡命，這是人所當盡的本分。因為人所作的事，連一切隱藏的事，無論是善是惡，神都必審問。」（傳道書十二章 13-14 節）

我們從《傳道書》可以看出，所羅門對人生的體悟很深刻，對生命的看法也很有個人見地，一位王都有這樣的感觸，何況是一般人呢？在《傳道書》中，說出他在世為人的心聲，在大多時候，他用人的眼光看待這世間人的作為。

他也坦言不明白神的作為，感嘆人不能參透。神將他擺在如此高的位置，有機會看得更多更遠，這是一般人難有的人生經歷，而神藉著所羅門王的一生，讓人看清事實（物質界）的真相。人的眼光看到的世界樣貌是這等模樣，人是有限的，只能看見今生，而神是無限的，祂更看重來生。

生命的課題

《傳道書》其實傳達出很多生命的課題，「人應該怎麼活？」「人應該做些什麼？」「人應該有怎樣的人生？」如果我們的眼光受限於今生今世，就永遠無法明白人生的意義，也無法明白如何活出生命的價值。於是不得不靠著世界帶給我們的短暫歡樂，才能找到成就感。

我們若相信自己可以倚靠神，因為神掌管生命，祂知道什麼時候跳舞，什麼時候哭泣對我們最好，就會明白發生在我們身上的事並非偶然，而是神對我們生命的安排，祂會在各樣事上動工來完成祂的計畫。

神的安排自有祂的美意，祂的作為，會讓我們清楚看見身處的世界。即使是自由意志，也不可違背神的旨意，祂要我們選擇祂的道路，將我們的意志降服在祂至高的權柄之下，我們必能為自己的人生負責，也為我們的永生負責。

合神心意的大衛王

大衛是神所揀選的以色列王，在大衛成為王之前，經歷諸多苦難、危險、試煉、試探，而寫下很多首膾炙人口，沁透人心的詩篇，至今仍是人遭逢不平境遇，危險苦難有口難言時的幫助。所羅門也承繼了父親大衛的文采，詩篇也有少數是所羅門所寫的。

神所揀選並所愛的人，一樣會犯罪跌倒。大衛王是「合神心意的人」，一生誠實的順服耶和華——他的神。大衛因放縱情慾，愛上烏利亞的妻子拔示巴，並用計謀殺了烏利亞，奪了他的妻子，因為大衛和拔示巴偷情，拔示巴懷了身孕，因而痛下殺手。一個人的犯罪會破壞一切，大衛的放縱大大破壞了，他的名聲，他的地位，甚至他的結局。摩西時代，神已頒布十誡，要所有人遵守。

十條誡命如下：

十條誡命

①「除了我以外，你不可有別的神。」
②「不可為自己雕刻偶像。」
③「不可妄稱耶和華——你神的名。」
④「當記念安息日，守為聖日。」
⑤「當尊敬父母。」
⑥「不可殺人。」
⑦「不可姦淫。」
⑧「不可偷盜。」
⑨「不可作假見證陷害人。」
⑩「不可貪戀他人之物，並他一切所有的。」

一旦貪戀就想擁有，使用詐術或是強行搶奪過來。大衛為了拔示巴，至少犯了四條誡命：⑥「不可殺人。」⑦「不可姦淫。」⑧「不可偷盜。」⑩「不可貪戀他人之物，並他一切所有的。」這些顯然都是神非常不喜悅的事，因而大衛也嘗到犯罪的後果，他和拔示巴犯姦淫所生的孩子，小小年紀就么折，他哀傷欲絕求告神，救他孩子一命，但是神沒有垂聽他的禱告。當神揀選所羅門（拔示巴所生）為王，大衛受到其他兒子的追殺，四處逃竄。而所羅門王之後，以色列便分裂為北國和南國。如果大衛不貪戀拔示巴，以色列歷史將要改寫。神是掌管歷史的神，祂當然明白一切，但神從不因為人會犯錯，而事先阻止人犯下錯誤。歷史是面鏡子，舊約中記載的人物，都是會犯錯的凡人，神藉此告知世人，不要重蹈覆轍。因此神揀選並使用大衛王和所羅門王這對父子，他們的事蹟在以色列歷史上，佔了很大的篇幅。

詩篇是禱告的話語

大衛王的一生也很傳奇，他從牧羊人的角色成為能領兵打仗的將領，之後更成為人人愛戴的王。《詩篇》一卷書有一百五十篇，有一半以上是大衛寫的，他擅長彈奏樂器，並能夠寫詩歌、唱詩歌。以現代的說法就是集作詞、作曲、演唱、彈奏於一身的音樂奇才。詩歌的靈感來自個人經歷，大衛一生的許多遭遇，都在詩篇中描繪歷歷。例如《詩篇》五十一篇是懺悔詩，是大衛引誘有夫之婦拔示巴，不但犯了姦淫罪還犯了殺人罪，之後便寫了這篇詩。大衛寫的詩都是心中真實的感受，他咒詛人，他抱怨神，他要求神向敵人報仇。不管他心中的感受和想法如何，都一五一十誠實地告訴神，他的肺腑之言，不僅感動了神，成為他患難時的幫助，也成為後人求告神使用的話語。

在《舊約聖經》中，《詩篇》是以色列人的詩歌本和禱告本。《詩篇》的卷名，希伯來原文是「讚美歌」。《詩篇》通常用說的或唱的，甚至也可以用喊的。《詩篇》涵蓋了人類所有的情感，包括正面和負面的情感。正面情感：喜樂、興奮、盼望、平安……等。負面情感：憤怒、沮喪、嫉妒、絕望、恐懼……等。《詩篇》作者皆真實表達自己的想法和感覺，包括咒詛人和埋怨神，但是神喜悅人用真實的面目面對祂，真情流露尤其蒙神眷顧。

詩篇二十三篇

大家最耳熟能詳的《詩篇》二十三篇是大衛的詩。「**耶和華是我的牧者，我必不致缺乏。祂使我躺臥在青草地上，領我在可安歇的水邊。祂使我的靈魂甦醒，為自己的名引導我走義路。我雖然行過死蔭的幽谷，也不怕遭害，因為祢與我同在，祢的杖、祢的竿，都安慰我。在我敵人面前，祢為我擺設筵席，祢用油膏了我的頭，使我的福杯滿溢。我一生一世必有恩惠慈愛隨著我，我且要住在耶和華的殿中，直到永遠。**」（詩篇二十三篇 1-6 節）大衛能寫出如此安慰人心的詩歌，也必定受到神很大的安慰。他曾經是位牧羊人，所以特別能感受羊在好牧人的帶領下，是如何的安歇、安心、安息。而神正是我們的好牧人，祂供應我們所需的一切，領我們走在正確的道路上，關愛並安慰我們，使我們有得勝的生命，能夠永遠與神同在，享有福樂與恩惠。《詩篇》二十三篇是一首很能安慰人的詩歌。具體描述有神同在之人的真實景況，過著令人欣羨的生活，享受著生命中最大的祝福，每個人都希望這樣的日子能夠永永遠遠。這是大衛的領受，也是每一個跟隨神的人，所追求的既安適又飽足的生命，這是很具體的天國景像，值得追尋的美好境界。

天國進修班

有一部富含生命哲理的迪士尼卡通，片名叫做《靈魂急轉彎》。片中有「作古畢業班」是指離開人世的靈魂，行在通往未知的道路；而「投胎先修班」是為尚未來到世間的靈魂，個性養成的培育場所。年過半百看這樣的主題，特別有感悟：「從哪裡來？往哪裡去？」即使不想聞問，也必須面對的問題。孔子是至聖先師，非常有學問的老師，但他說：「未知生？焉知死？」不知道怎麼生（來處），怎麼會知道死（去處）呢？沒有人知道自己是從哪裡來？我們當然知道一個生命的誕生是源自一顆受精卵，但是受精卵（生命體）的靈魂，又是源自於何處呢？孔子是個人，他不能解答這個問題是必然的。但是創造人類萬物的神，祂必然知道人從何處來，會往何處去，因為生命是由祂來規劃，設計和安排的。「**我的肺腑是祢所造的，我在母腹中，祢已覆庇我。我**

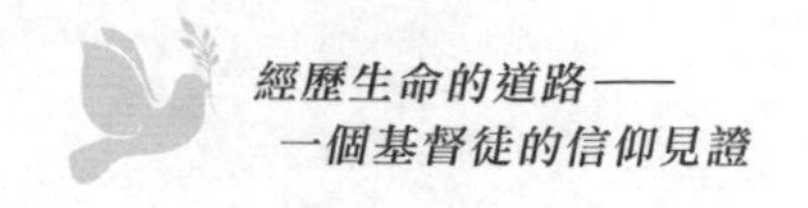

要稱謝祢，因我受造，奇妙可畏，祢的作為奇妙，這是我心深知道的。我在暗中受造，在地的深處被聯絡，那時，我的形體並不向祢隱藏。我未成形的體質，祢的眼早已看見了，祢所定的日子，我尚未度一日，祢都寫在祢的冊上了。」（詩篇一百三十九篇 13-16 節）每一個誕生在這個世界的生命，都記載在神的生命冊上，但是最終能進神的國的人，必須是名字沒有被塗抹掉的，所以人的一生是「天國進修班」，必須完成今生的功課，才有來生的保障。而聖經正是引領我們進天國（神的國）的指南。天國的子民，當遵循天國的法則，才能在天國生活啊！

個性決定命運

我們都是神所創造的人類，也是永生神將我們安置在母腹中，所以祂在我們未出母腹時就認識我們了。我們從父母所出，但是和他們有些相同又有些不同，因為人的個性除了天生的因素，還有後天環境因素在其中，先天和後天的比重，只有神知道。然而神的任何安排，必有祂的美意在其中，或許一時我們不能知曉，但是日後必能明白。大衛一定很想問神，因何那日他那麼湊巧，看見拔示巴沐浴，而陷入迷戀，無法自拔！神會回答大衛：「因何英雄難過美人關？明知她是他人的妻子，仍然想佔有她。」無法克制心中的慾念，就是經不起考驗的人，慾望是從無法節制的意念開始的。人之所以百百種，是因為人的本性不同，性格各異，更重要的是，人的心思意念複雜，思想行動力也有差別。衝動的人，謹慎的人，會有不同的人生經驗。走不同的路，看了不同的風景，重要的是學到了什麼？智慧和聰明並不相同，因為智慧要加上經驗，唯有經歷才會深刻，重點是否記取教訓，不犯同樣的錯誤，人生才可少走冤枉路。有時我們感嘆「個性決定命運」，但是個性並非不能改變，雖然「江山易移，本性難改」，移山比改本性還容易，可見個性何其難改，但是在主沒有難成的事，如果我們信靠主，願意由神來介入我們的生命，一切都會容易許多。

背起適合我的十字架

一個人如果有意識到個性是人生歷程的阻礙，願將一切交給神，神必將使我們成為一個新造的人。我自己本身就是一個例子，認識我的人都知道，信主前、信主後，我幾乎已經改變成另外一個人了！我喜歡現在的自己。以前我是一個思慮多，煩惱也多的人；個性優柔寡斷，常拿不定主義；膽小怕事，又喜歡逃避，害怕承擔且軟弱無能；凡事喜歡躲在人後，不夠勇敢且常懷恐懼；不願面對現實，常感孤獨無助；自信心不足，常覺得自己「成事不足，敗事有餘」，尤

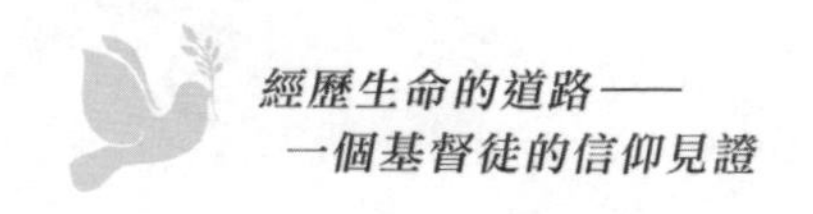

其是在面對挫折的時候，我非常不喜歡自己。當我意識到個性影響了我的人生，需要改變，神扭轉這一切，我靠著神加給我的力量，慢慢從軟弱變剛強，有勇氣面對挫折挑戰，不再恐懼害怕，勇敢承擔我的人生。我背起適合我，且是我背得起的十字架，別人的十字架不一定適合我，而神也只要我，在擔得起的部分努力即可。既然接受了主耶穌基督，就當遵祂而行，沒想到人生竟然就此輕省起來。現在我將一切交予神來掌管：「全然交託，全盤接受。」這八個字成了我的座右銘，時刻牢記在心，也時常提醒著我。心念轉了，人也變了，擔子輕了，笑容多了，一切朝向更好的方向前進。

生命中的考驗

我們的一生就像置身在一個「生命考驗營」，經歷了這一生的總總考驗之後，神會讓我們回顧，「人生中究竟都做了什麼？」「擁有什麼樣的生命？」到那時，我們是問心無愧？還是忐忑不安？端視今生的總總作為。「種的是什麼，收的也是什麼。」「種什麼因，結什麼果。」原因和結果，互為因果，這不是佛教專利，這是放諸四海皆準的「真理」，駁不倒的真理。基督信仰，是遵行耶穌的真理而行，因為耶穌本身就是真理。耶穌給了我們很多真理的教導，對於誠實的教導，祂說：「是就說是，不是就說不是。」卻是很多人都難以做到的！真理原來是清楚可辨，「誠實」與「謊言」必然是相反的，但是有一種叫做「善意的謊言」，那麼是不是也有「惡意的誠實」？「善」與「惡」原來是清楚可辨的，但是當有更多「是是而非」的言論被人們所使用，「積非成是」就模糊了真理。真理是絕對值，沒有第二個答案。但是現在有更多人喜歡「好像是又好像不是」這種模稜兩可的狀態，含混而不明確，似可亦似不可。這讓「謊言之父」撒但有了很多揮灑的空間。我們必須承認這個世界存在著兩個對立的勢力：「光明」與「黑暗」，「善」與「惡」，「正」與「邪」，每個社會結構都有「白道」和「黑道」。同樣的，選擇神就成為屬神的子民，選擇撒但就成為屬撒但的子民。很多人說自己是「無神論者」，這些人就是撒但極力爭取的對象，因為沒有神的蔭庇，搶奪這些靈魂更加容易。

耶穌的智慧

每個人都該把福音書仔仔細細的研讀並反覆思想，主耶穌所告訴我們的話，祂所說的話語，幾乎全是活在這個世界上，各式各樣的問題。耶穌說話充滿智慧，聽見的人忍不住問，他是從哪裡得到這些智慧？基督是我們的智慧，神使耶穌成為我們的智慧。耶穌的智慧是來自神的智慧，而並不是人的智慧，因此祂才能教導人。耶穌是創造宇宙萬物的參與者之一，聖父、聖子、聖靈共同創造了一切，祂們是三位一體的神。所以耶穌知道人從哪裡來，將往哪裡去，就如耶穌怎麼來到這個世界，短暫停留三十三年的時間，就又回到天父的家（神的國）。因為祂來自那裡，所以耶穌總是說：「天國好像……。」祂用了很多比喻來形容天國，希望讓更多人能聽懂，那都是與人的日常生活經驗相關，「小故事大道理」，聽懂的人，獲益終生。我們對於天國（天堂）和地獄的信息，多半來自耶穌的口中，耶穌形容身處地獄的人必要哀哭切齒了（哀哭切齒是後悔莫及的最佳形容詞）。

全人類未來的命運只有兩種——天堂或地獄。天堂和地獄的景況恰恰相反。天堂的一切好處正是地獄所沒有的，而地獄的一切壞處正是天堂所沒有的。天堂好得不能再好，而地獄則壞得不能再壞。再笨的人也會選擇去天堂，但是進神國是有條件的。**耶穌說：「你們要進窄門，因為引到滅亡，那門是寬的，路是大的，進去的人也多。引到永生，那門是窄的，路是小的，找著的人也少。」**（馬太福音七章 13-14 節）**「因為被召的人多，選上的人少。」**（馬太福音二十二章 14 節）可見並不是每個人都能進天國，必須符合天國子民條件者才能進去。我們可以也應該相信，我們正朝向天國前進。但是，惟有當我們抵達時，才可以確信我們進了天國。

人生是客旅

如果我們相信自己只是路過此地的客旅，正在為別處一個更長久的存在作準備，那麼，我們的首要任務當然就是：「提醒別人，這種未來命運的存在。」務必讓他們朝正確的目的地前進，並幫助他們到達這個目的地。我們怎麼會願意，我們所愛的人，去了地獄，而不是天堂？不是接受永生，而是接受永刑的結局。基督徒所相信的「因信稱義」，因為相信耶穌成了義人，但那必須是遵行耶穌旨意與教導，而確實去行的人。在這人世間也有地獄的練習場，那就是監獄。監獄是關犯罪之人的地方，所有作奸犯科的人同住在一起。人怕坐牢，不只是害怕被囚禁，還有同住的獄友，全是又邪惡又兇殘的角色，動私刑的情況時有所聞，令人不寒而慄。地獄是假釋無望的永久監獄，相信沒有人會喜歡它。人來到這個世界，為了要體會「天堂的喜悅」、「地獄的痛苦」而能作出永生的抉擇。神給人自由意志，也給人機會成為怎樣的人，是「前往地獄」或是「前往天國」。

認識耶穌，相信耶穌，祂願意拯救我們，讓我們得著悔過與饒恕的機會，我們必須與神積極合作，藉由信心，靠著恩典得救。當我們持續信靠和順服，神就能在我們的身上動善工，並形塑我們。沒有人能靠自己改變自己，因為肉體容易軟弱，尤其在慾望面前，沒有招架之力，因此需要倚靠神的大能來改變。世界確實有很多吸引人的地方，讓人無法自拔，「肉體的情慾」、「眼目的情慾」、「今生的驕傲」都是很難不靠神能勝過的。耶穌說祂已經勝過世界，我們也唯有追隨祂才能勝過世界。

新耶路撒冷

一個人的肉體死後，我們全部的意識將是靈的意識，因此將是完全屬於，那已經讓我們蒙福的天上意識。那時，我們將真正離開身體與主同住，雖然沒有肉體，但這種狀態卻是好得無比的。在《聖經》《啟示錄》中，有關人類的存在有三個階段：第一階段是「住在肉身的靈魂」，第二階段是「脫離肉身的靈魂」，第三階段則是「住在肉身的靈魂」。當耶穌再來，會重新給所有人一個身體，然後進行最後的審判，決定我們最終的去處是天堂或是地獄。而新天新地是為穿上新身體的人，提供一個新的環境。它是一個城市「新耶路撒冷」，聖經給我們的尺寸，長、寬、高都是一樣的，是三分之二的歐洲大陸大小。這座城市是純淨且珍貴的，居住新天新地的人，將不再有性（不需繁衍後代），不再有苦難（無病、無痛、無災），不再有分離（永恆的團聚），不再有愁苦（沒有眼淚，只有喜樂），不再有黑暗（神光照耀遍地），不再有聖所（隨時隨地敬拜神），不再有罪（沒有引誘人的，也沒有被引誘的），不再有死亡（獲得永生）；將有安息（內心的平安），將有獎賞（榮耀的冠冕），將有責任（全心服事神），將有啟示（分享所有奧祕），將有公義（神的義彰顯全地），將會彼此相認（先後離世的人，認出彼此）。這就是聖經所啟示的天堂景象，最能概述天堂的一個字是「家」，家是一個愛人和被愛的地方。

新天新地是神為祂所揀選的兒女所預備的地方，每一個神的兒女，自願來到神的家中，唯有那些戰勝誘惑和考驗的人，可以經歷天堂的喜樂。在天堂裡，神供應我們一切的需要，我們既是祂的子民，就能享受祂的產業。神為愛祂的人所預備的，是眼睛未曾看見，耳朵未曾聽見，人心也未曾想到的。天堂的美好顯然超乎人類智能所能領會的一切，它是一切美好的總合。

煉獄就在這個世界

「陰間」是脫離肉體的靈，在死亡之後、復活之前，所在的地方。死亡並不是有意識存在的結束。人世間的品格仍然存在著，而記憶仍然完好無缺。死亡時，命運就決定了。神曾對我說：「煉獄就在這世界上，而不是在天上。」我們唯有今生，才有機會洗滌罪污，清洗自己的內心。今生的錯誤必須在今生認錯悔改，才有機會進神的國。我們要脫去行為上的舊人，穿上新人，這新人有真理的仁義和聖潔。保羅囑咐我們：「**因為你們確實的知道，無論是淫亂的，是污穢的，是有貪心的，在基督和神的國裡，都是無分的，有貪心的，就與拜偶像的一樣。**」（以弗所書五章5節）克服貪心對於人而言是很大的考驗，「金錢」、「貪心」是人生在世，一輩子都要面對的課題。我們目前生活在連謹守「誠實」、「正直」為人，都有困難的世代，進神的國是何其難啊！正因為困難而彌足珍貴。主對我說：「有人因為信仰的目的留下來了，有人因為信仰的目的而離開了！」這端視目的是什麼？我們當檢視自己，為什麼信主？因為這是需要持守一生的道路，持續不斷地努力，才能進入的窄門。而跟隨主必須跟隨到底，每一個人行事為人都有動機和目的，每個加入基督徒行列的人，有希望進天國，有永生的盼望！神要我們謹守我們的心，勝過謹守一切，因為沒有純淨的心，進不了神的國，而無聖潔見不了主的面！

努力進神的國

人來到這個「生命考驗營」是否能禁得起考驗，端視每個人在生命的過程中，不斷作出正確的選擇和判斷。「回轉靠人自己，翻轉是神的工作！」人們曾經有一生的機會作思考和決定，但是錯過與神和好的機會，就是永遠了！當你在這世間，有人傳福音給你，請千萬不要惱怒，那是因為愛你的緣故，讓每一個神所造的人，有機會回到神的家，這是神賦予每一個基督徒的使命，找回更多失喪的人。身為基督徒也當謹慎，不要尋回了別人卻失喪了自己，是多麼可惜又可恨的事啊！基督徒是指認識耶穌、信靠耶穌、遵照耶穌教導而行的人，然而知道卻不行道，一樣是沒有用的。

基督徒當有基督的樣式，領了耶穌的教誨，就要按著去行，在為人處世上，在領人歸主上，當要確實留意：「絆倒人的人有禍了！」人們若因你的言行舉止而絆倒，不如不去行倒好！神希望我們行在正確的道路上，說對的話，做對的事。有機會扶人一把，助人一起進神的國。這是信靠神的人必當行的，也是想進入神國的人必當行的。人生的目的應當是努力進神的國。**耶穌說：「從施洗約翰的時候到如今，天國是努力進入的，努力的人就得著了。」**（馬太福音十一章12節）這是在世為人最公平的一件事，不論你來自何處，身處何種環境，神所揀選的標準永遠相同。努力的人知道努力的方向，努力的人知道倚靠神的力量，努力的人能通過各種試探與試煉。一個人能夠通過生命的考驗，就能獲得全新的生命，而那是以永恆為代價。

第 3 篇

家和家人

人在尚未出母腹之前，神早已認識我們了！我們會出生在何人的家庭，在何種環境下長大，我們自己無法決定也無法選擇。但是我相信這是一種安排，因為神讓我們來到這個世界，是為了學習愛神、愛人和彼此相愛，家庭就是學習愛的開始。我們無法選擇出生的家庭，父母也無法選擇我們。雖然我們不知道自己是從何而來？但是在母腹中就認識我們的神，必定知道我們從何處來往何處去，而這是宇宙奧祕的一個部分。

神期待的大家庭

人在尚未出母腹之前，神早已認識我們了！我們會出生在何人的家庭，在何種環境下長大，我們自己無法決定也無法選擇。但是我相信這是一種安排，因為神讓我們來到這個世界，是為了學習愛神、愛人和彼此相愛，家庭就是學習愛的開始。人生既然是個考驗營，我們從出生開始，就是考驗的開始，我們可能在被期待或不被期待或可有可無的情況下，成為家庭成員。排行不是我們能決定的，性別不是我們能決定的，但是那往往是我們是否受到家中成員歡迎的關鍵。頭生的孩子，往往是在大家的期待中出生，第一次總是讓人滿懷期待。之後效應依次遞減，越生越無感也是必然的。但是每個人都在媽媽的腹中住了十個月才生下來，且經過極疼痛的生產過程，因此一位母親對生下的孩子無感是不可能的，從能感受胎動開始，一個生命在腹中逐漸成長的喜悅是一樣的。乳養孩子的母親豈能拋棄手中的嬰孩？有些孩子因為某些緣故送養給他人，對母親而言就像割下心頭的一塊肉，那是一輩子的懸念，一輩子的苦痛。那和孩子么折是不相同的苦痛，想念孩子、掛念孩子過得好不好，都是一生漫長的折磨。神因為無法親自照料我們，因此創造了母親這個角色，我們要靠她的哺育，才能長大成人。家人在人生的歷程中，扮演著非常重要的角色，沒有人是靠著自己的力量長大的，在嬰兒時期，沒有人餵食就會死亡，餓了給他吃，渴了給他喝，沒有這樣無法存活。一代人傳一代人，世代繁衍生生不息，每個人都會從嬰孩成為父母，再成為父母生下嬰孩，這是神賦予我們的使命，「生養眾多遍滿地面」這是神期待中的大家庭。

亞當和夏娃

人類有共同的祖先，不分膚色外表，因為日照的因素，一萬年就能使黑人變白人，白人變黑人，這是因何在日照越充足的地方，人種膚色越深，日照越不充足的地方，人種膚色越淺。幾次的冰河期，造成人類大遷移，也造成人類多次的融合，混血的人種越來越多。但以膚色來分仍可分為黑種人、白種人、黃種人、棕色人種和紅種人。五色人種雖然膚色外形各異，卻是源自共同的始祖亞當和夏娃。亞當、夏娃曾居住的伊甸園，位於靠近土耳其東北部或是座落在亞拉臘山的亞美尼亞，挪亞的方舟還埋在那地底下。伊甸園有四條河流經，其中兩條是我們熟悉的底格里斯河和幼發拉底河，兩條河之間的肥沃月灣，有著人類最古老的文明。近年農業考古學考察種植玉米和豢養動物的起源，認為地點是在土耳其東北部或亞美尼亞南部，正是聖經中伊甸園的位置。亞當、夏娃原來是不死的，因為吃了禁果，被神逐出伊甸園，從此有了死亡。亞當需要靠勞力耕作才能糊口，夏娃必需經過產難，才能生養後代。居住在伊甸園時，亞當只要看守園子，一切都由神來供應所需。

該隱與亞伯

《創世記》記載，亞當、夏娃所生育的孩子該隱與亞伯，該隱是種地的，亞伯是牧羊的。有一天，該隱與亞伯為耶和華獻上供物，耶和華看中了亞伯和他的供物，只是看不中該隱和他的供物，該隱就大大的發怒，變了臉色。「**耶和華對該隱說：『你為什麼發怒呢？你為什麼變了臉色呢？你若行得好，豈不蒙悅納，你若行得不好，罪就伏在門前，他必戀慕你，你卻要制伏他。』**」（創世記四章 6-7 節）這是耶和華對該隱的勸告。該隱並非只是供物，而是他的所作所為，不蒙神的悅納。人的所作所為如果不蒙神悅納，那他所獻的供物，也同樣不蒙神悅納。神不會因人用供物討好祂，而悅納供奉的人，這是神的原則。神提醒該隱，他如果有犯罪的心，罪就會歡喜找上他，但是要想辦法制伏罪性的發生。神深知該隱和亞伯不同的性格，該隱善嫉妒和容易發怒的性情不討神喜悅。人不好的性格要靠改變去蒙神喜悅，而不是要神包容人的所有壞性格與壞行為，這不符合神的本性。但該隱顯然沒有聽從神的勸告，他仍然施加暴力把他的弟弟亞伯給打死了。該隱無法控制自己的脾氣，還因為一時的憤怒就打死了弟弟，這是人類的第一樁謀殺案，發生在手足之間。

以掃與雅各

以掃與雅各也是一個手足相爭的故事。以掃、雅各是一對雙生子，是以撒和利百加的孩子。生產的時候，先產的身體發紅，渾身有毛，如同皮衣，他們就給他起名叫以掃（有毛的意思）。隨後又生了以掃的弟弟，手抓住以掃的腳跟，因此給他起名叫雅各（抓住的意思）。兩個孩子漸漸長大，以掃善於打獵，常在田野；雅各為人安靜，常在帳棚裡。兩人雖是雙生子，但是除了外形不同，性情也不一樣。父親以撒愛以掃，母親利百加愛雅各。自古以來，父母對於自己所生的子女，有不同的偏愛，有眾多手足的人，都能感覺的出來，也往往種下一些心結。手足雖然都是同個父母所出，在家中卻有不同的位置，有時是出生序，有時是個人特質所造成的。**以掃喜愛戶外活動，比較不擅長思考，為了一碗紅豆湯就把長子的名分給賣了。而雅各比較擅長謀略，用一碗紅豆湯，就從以掃手中輕易取得長子的名分。**

古代猶太人十分重視頭胎的孩子（男的）和頭胎的牲畜（公的），但是出生排行並非能選定的，因此雅各抓著以掃的腳跟，爭著想要先出來，他們兩人的出生時間，一定是相差甚小，而雅各為此十分不服氣，所以一直想要得到長子的名分。他甚至在母親的慫恿之下，冒充以掃先得到父親的賜福，而種下以掃追殺他的下場。雅各以行騙的方式取得長子名分和父親的祝福，他為此逃亡，在途中雅各夢見一個梯子立在地上，梯子的頭頂著天，有神的使者在梯子上，上去下來。**「耶和華站在梯子以上，說：『我是耶和華——你祖亞伯拉罕的神，也是以撒的神，我要將你現在所躺臥之地賜給你和你的後裔。你的後裔必像地上的塵沙那麼多，必向東西南北開展，地上萬族，必因你和你的後裔得福。我也與你同在，你無論往哪裡去，我必保佑你，領你歸回這地，總不離棄你，直到我成全了向你所應許的。』」**（創世記二十八章 13-15 節）

以色列的十二個支派

雅各娶了多名妻妾，生下十二個兒子。雅各在舅父家服了多年勞役，也用計策致富，他思念故土，想要回故鄉去。在一個夜晚他們要渡河時，雅各和一個人摔跤，直到黎明，那人說你的名不要再叫雅各，要叫以色列，因為你與神與人較力，都得了勝。從此雅各改名為以色列，他的十二個兒子，成了以色列的十二個支派。雅各回到故鄉和以掃和好，雅各成了以色列人的祖先，而以掃成了以東人的祖先。在以掃和雅各誕生前，「**耶和華對她說：『兩國在你腹內，兩族要從你身上出來，這族必強於那族，將來大的要服事小的。』**」（創世記二十五章 23 節）這是神對利百加說的預言，可見這一切都是神的安排。

生命的奧祕

《創世記》記載人類的家庭從亞當（男人）、夏娃（女人）開始，生養後代成立了家庭，開始了生養眾多遍滿地面的任務。每個人都在一個家庭中誕生，不論父母的婚姻狀況如何，都改變不了，我們從父母所出的事實。我們無法選擇出生的家庭，父母也無法選擇我們。雖然我們不知道自己是從何而來？但是在母腹中就認識我們的神，必定知道我們從何處來、往何處去，而這是宇宙奧祕的一個部分。如果我們相信神賦予我們生命，是因為祂在我們生命中是有計畫的，而我們也願意成為神計畫的參與者。那麼，祂便會讓我們看見，祂為我們所安排的一切是多麼地巧妙！在這個世界上有無數的家庭，而能成為家人，必然是一種安排。俗話說：「不是一家人，不進一家門。」由「我」而衍生的家庭，除了血親關係，還有姻親關係。家庭成員是相互依附的關係，每個人都希望有一個溫暖的家，有自己所愛的人，和愛自己的人。「有愛的地方才是家，不然房子就只是房子而已。」

神奇的基因

從《聖經》的記載中，我們知道有人的地方，就會有嫉妒和紛爭，在家庭中也無法例外，因為人始終擺脫不了人性。《聖經》上的記載就像新聞報導一般，特殊事件，舉足輕重的事件，才會被記載下來，為了提供後人借鏡，更是清楚明白告訴世人，神掌管人的一生及人類歷史。神從創造人類起，就一直如父母一般關照著我們，祂創造奇妙的食物鏈，位在食物鏈頂端的人類，神供應了我們一切的需要。人類從採集、狩獵、農耕、畜牧、馴養動物、使用工具、製作衣物、建造房屋、製造器具，使聚落逐漸穩定，人口逐漸增加。我們知道神的創造有跡可尋，但是往往也有驚奇！神奇的基因（DNA）代代流傳，但也不免產生變異，因為屬父系的遺傳和屬母系的遺傳，在歷代不斷因姻親血源的加入而產生更多不同的組合，同胞父母所生的子女，不只在外貌、性格上都可能有很大的差別。神的設計是如此巧妙，難怪生命的舞台上，絕對不乏絕妙的好戲。

每個人是如此的不同，將一群不相同的人放在一起成為家人，當然是奇妙的安排。「家家有本難念的經」，可見每個家庭都各有各的難處，不管貧窮或富足，都有需要面對的問題。家庭之中，難以脫離各種關係間所產生的問題，親子問題、夫妻問題、手足問題、婆媳問題、姑嫂問題、隔代教養問題……。總而言之，家庭不大，但是問題不少。當人類的始祖亞當、夏娃的子女，該隱與亞伯就發生了第一起人倫慘案，我們也就不需太挫折，家庭問題是一直都有的，且也無法迴避。每個人從原生家庭開始，到自己組織成立家庭，不同的成員，有不同的問題。這是人生中需要面對的切身課題，長久的親屬關係，成員間的互動，不僅影響我們的生活，也影響我們的生命。人生總是需要學習處理很多的情況，只是有時缺乏參考的案例，因為人生的路途總是不同，面對的問題也不一樣，而我因為有神參與我的人生，所以走起來才能輕省，而且釋懷！

神是我的家人

我的小家庭有四口人和一位神。神和我是親人般的存在，祂是我們家裡的頭，在我心中是這樣認定的。當我的先生因為一場意外倒下之後，又當頭又當肢體的生活，讓我十分疲累，而這時，主耶穌基督進入了我的生命，成為我家中的一份子。我的生命從此越來越輕省，因為困難的、艱辛的，都交在祂的手中，由祂保守了一切。我很喜歡耶穌，祂總是說實話且直言不諱，對於很多事，總是明白的說出來，

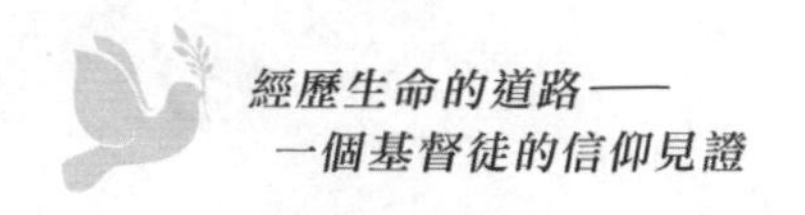

為的是對人有益！祂更是看不慣，假冒偽善的作為，誠實不詭詐的人，才是祂所喜悅的。我不是厭世，而是在這個充滿污穢，不潔淨的世界，活得十分不舒服。這個世界沒有真理、公義和聖潔，受到嚴重污染的良心不再單純、乾淨，道德也淪喪到無力可挽的程度。美好的外在世界，卻是更敗壞的人心，錦繡其外、敗絮其內，一點都美好不起來啊！

我的生命歷程中，主早已成為我的親密家人，且是家中最重要的。祂是比丈夫和孩子更親近的存在，我每日和祂對話的時間比其他家人還多。祂比他們更了解我、更體諒我，祂的回應，總是深知我心。親近必須心意能夠溝通，靈裡越契合，溝通越順暢，這是必然的，而無法交談與溝通，就無法產生實質的關係。我將自己和家人全然交給祂，即使是生活中的大小事，全部倚靠祂，全然信靠祂。我常說：「主啊！現在我們要怎樣呢？」既然全然交給主，就全盤接受接下來的安排！人在所有事上，力量都是很有限的，人不能知道下一秒會發生的事，主都已經知道，並且安排好了一切！這是我的親身經歷，因而對主滿有信心！

孤兒寡母的靈

曾經我的內心充滿孤兒寡母的靈，這是一種失去依靠，毫無盼望的生命景況。我對自己生命的轉變，有著無數的埋怨與抱怨！以淚洗面的日子裡，不知如何面對生命中的每一天。丈夫倒下，孩子不聽話，又要擔心明日的糧食，和不知如何繼續的人生！我是在生命最艱難的時候認識主的，主扶持我站起來，擦乾我的眼淚，讓我的生命重新有了盼望，依靠主的幫助，帶領我度過一切的艱難！但是人的改變並不是一蹴可幾的，每當遭遇挫折、沮喪的時候，那孤兒寡母的靈就會浮現，可見心中仍有很多難以釋懷的部分。我信賴主，對主的信心，是在一次又一次的事件中建立起來的。即使能與主溝通，我仍然只是一個「人」，人的情緒難免有高低起伏，也難免進入情緒的低潮。尤其當一些事情總是一而再、再而三的重演，就會讓人很崩潰，情緒高漲、怒不可抑時，就會心生抱怨，因何我有這樣的人生？我的四口之家，人口不多，事情卻是不少。

頑固的老小孩

我的丈夫從高處墜落，昏迷四十二天醒來，就註定人生永遠的不同，他失去了一些能力，再也不是原來的人。十五年來，肩負起照顧他的工作。神很恩待我，他恢復到可以緩慢行走，生活也還有一些自理的能力，只是成了一個頑固的老小孩，想要的東西一定要得到。沒有耐心等待，等待時會讓他焦躁不安，對於某些事情缺乏安全感。他失去了一些感知能力，總是不假思索，就憑直覺行事，造成日常生活上的諸多困擾。他是一個提前變老的人，有些失智退化的言行舉止。一進超市就是個大災難，看到什麼都想買，我總要跟在後頭偷偷的把商品放回去，他一定要把冰箱塞得滿滿才有安全感，像是隨時要避難一般。他因肢體障礙，跌倒時無法自己起身，也有嚴重的骨質疏鬆，因此盡量避免讓他跌倒，因為他是跌哪裡斷哪裡！骨折之後又無法開刀，因為他的骨架已經嚴重變形，手術風險太高，所以只能等待自行痊癒！十五年來，我總覺得自己和他一起坐牢（家的牢籠），我從四十二歲開始至今五十七歲了，無期徒刑，假釋無望。幸而有主的陪伴安慰，才能度過無數的日子。

記得有一回，我開車帶他出門，車子停在巷子裡，我已在車上，以為他知道開哪邊車門上車，沒想到他仍用習慣的方向開車門，車門的撞擊聲嚇了我一跳！那是明眼可辨，不能開他習慣的那邊車門，但是他仍然不假思索的這樣做了。車門碰撞了，他才發現根本打不開，必須從另一側上車。當時我實在忍不住動了氣，痛罵他怎麼這麼笨，連開哪一側車門也不會判斷！我在睡前禱告時，向主訴說著我的憤怒，心中的委曲，我對自己的失去耐性感到懊悔，明知他已經變成這樣，還和他生這樣的氣。就在第二天清晨醒來，神的話語進來：「他不是笨，而是懶！」一語驚醒夢中人，神看得比我更清楚透澈，他確實是懶得動腦筋，總是憑直覺行事，如果是他在意的事情就不糊塗。神的話真的大大安慰了我，我的所言所行神都知曉，我是依靠神才能走到今日的。

奇妙的應許

我真的是凡事都倚靠神，孩子們也都清楚我是很敬虔的基督徒，在孩子的身上，神也做了許多奇妙的事。我的小兒子在服完兵役後進入職場，從事的行業並不是大學所就讀的相關科系。他是一個很有主見的孩子，當清楚知道自己想要什麼就會勇往直前。他遺傳了外公的運動細胞，喜歡球類運動，有天生的球感，從小學三年級開始打乒乓球，對於桌球的熱愛持續至今，他的毅力或許是在鍛鍊球技的過程中建立起來的。為了進入他有興趣的大眾傳媒工作，從每日凌晨五點到班的工讀生做起，時值寒冷的冬季，每日清晨四點騎機車上班，持續了半年的時間，看在媽媽眼中是有些許心疼的。半年之後，終於有機會進傳媒工作。

第一個面試他的主管，事後才知是和他同所大學的學長。在工作期間，學習了很多的專業技能，也更確定了，他喜歡這份工作。第二個面試的主管，是他同所高中的學姊，一切實在巧合的不可思議，而在這段期間，他的文字工作能力受到肯定。他不斷地想要學習更多，是一個總是提前到班做準備的人，相信工作是留給準備好的人。他有良好的人際往來互動，前同事都成了良朋益友。他曾經對我說：「做得不好被罵是應該的，就是做得不夠好，才會被罵啊！」他雖然不是本科生，但是學習動機十分強烈，對於願意教導他的人都心存感謝，對於自己的未來發展有著自己的計畫。有次面臨畢業季，大眾傳媒一般會先進用本科系的新鮮人，尋覓工作的時間拉長了，他很心急。

有回他問我：「媽媽，某個佛教傳媒有缺人，我去應徵看看如何？」他顧慮我是虔敬的基督徒，竟然要我為他禱告看看。我因此為他的工作求問神，第二天清晨意念進來：「去吧！這樣明年就有機會進公視了！」這個回應大大出乎我的意料之外，我連忙將其寫在一張紙上，交給孩子自己作決定。我一向尊重孩子的決定，畢竟每個人都要為自己的人生負責。而我只要求孩子要有正確的價值觀：正直、良善、信實，這是一個人最基本的品性。孩子進了佛教傳媒受到主管賞識重用，這是始料未及的。他在每個階段都努力用心學習，盡力把事情做好。傳媒是會留下記錄的機構，凡走過必留下痕跡。果然，到了隔年，他終於有機會進公視服務了！我所信仰的神，是又真又活的神！

我的亞斯兒

我的大兒子是個亞斯兒（亞斯伯格症），帶領這樣的一個孩子，真的很需要神的智慧和能力。我相信神既然給我這樣一個不容易的人生功課，祂就必然會協助我來面對，並學習這個功課。「亞斯伯格症」是自閉症光譜中，比較接近正常人，但是又有一些特質不一樣，因為他們的社會化能力較不足。一般人從小到大，聽一聽、看一看就懂的事，他們卻總是視而不見、聽而不聞，他們可以任意關閉感官，不想接收的訊息，一點也進不去！而願意關注的事，他們有比常人更好的專注力。他們總是見樹不見林，但是卻能把一棵樹研究地很透澈。亞斯伯格症的患者，有著與眾不同的大腦思維模式，在團體中不是太顯安靜，就是格格不入，因為缺乏溝通表達的機會，因此在語言表達和人際關係上較為弱勢。但是他們有比常人，更真摯與忠誠的特質。這個族群雖有相同的行為特徵，但是會因家庭、環境、學校、社會的適應能力差異，以及是否願意聽從教導，是否願意接受幫助……等諸多因素的影響，他們和一般人一樣，每個亞斯兒都是不一樣的。

在人生歷程中，他們有三難，就是就學難、就業難、結婚難。我的亞斯兒在高中階段，開始面臨困難，知道自己的不同，又無法接受自己的不同，所幸有輔導主任的幫助。在大學階段願意接受資源教室的協助，才能度過大學階段。孩子上了研究所之後，他只讀了一年，就決定休學，原因出在他與他人合作上有困難。分組的時候，大家不喜歡和他同一組，因為他需要別人下指令，才知道下一步要做什麼，不然就會杵在那裡不知所措！說實在的，研究生每個人都有自己要忙的部分，而他總是要人關照，對別人確實造成困擾和麻煩，因此我同意他離開校園的決定。離開了包容度高的校園，社會是一個需要更大適應能力的環境。每個人都需要，在社會上找到一個立足的位子，他雖然領有身障手冊，可以請求勞工局的就業輔導協助。問題是他並不清楚他自己，也不清楚自己想要什麼？能做什麼？而我也不夠了解他。

我們開始回到當初鑑定的醫院，尋求醫療協助，分別是「個別治療」和「團體治療」。個別治療時，我也參與其中，治療師協助我們化解很多生活的僵局，每週我們都有共同要完成的功課。在這些互動中，幫助我更了解他，彼此的信任也在其中慢慢建立。那段日子他總是用「你不懂！」就把心房和房門都關閉起來，而我進不去，他也不肯出來，我們活在互相折磨的痛苦中，家有亞斯兒的父母，一定很能體會我的感受。自閉症協會總會定期舉辦很多活動，協助無助的家長，如何了解並幫助自己的孩子。這些課程我也參加了很多，最大的困難是，很快一切又回到原點，跨越是十分不容易的事。孩子行為的固執度太高，經常磨光家長的耐性！我在個別治療的課程上，教導他「社會學」，認識人類組成的架構及怎麼在社會上生存。治療師教導我們如何進行增強和消弱的方法，來改變他的固著行為，對於很多特殊兒，這是很需要的方式。孩子也參加了團體治療的課程，一群亞斯伯格症的青年一起上課，孩子在課程中藉由認識組員，了解同儕之間面臨的各種問題，也知道原來亞斯伯格也是各式各樣、各有所長，但是過度狹隘的興趣，是與人相處最大的鴻溝。他開始明白亞斯伯格和一般人的不同，所幸我的亞斯兒是比較願意聽從教導，也願意試著改變自己的行為，在治療師的協助下，他的進步比較明顯。

令人崩潰的時候

在某些時候，我的亞斯兒，也會讓我很崩潰，有時真不知該拿他怎麼辦？我會求問神，該怎麼辦？神給我的回覆是：「哪壺不開提哪壺，就是白目！」神讓我知道盲點在哪裡，不能分辨哪壺是開的，哪壺是還沒開的，每壺都拿錯，究竟是故意的，還是缺乏常識。究竟是辨識能力有問題？或是根本沒有放在心上？燒開的滾水會冒煙、會推動鍋蓋，難道都沒有看見？這是一句雙關語，另外一個意思是：「因為不能分辨場合說話，不知如何選擇該說的話和不該說的話，常踩地雷，所以顯得白目！」其實這些正是亞斯伯格和一般人不同的地方，缺乏察顏觀色的能力。人是相當複雜的動物，言行不一、言不由衷，必然有其隱藏的動機，他們對於分辨動機常會解讀錯誤，所以在人際關係上，處處感到困惑，不能理解人為什麼言不由衷，實話為什麼不能說？對他們而言，比起揣摩他人的心思，他們更重視正義得到伸張，就像國王新衣中的小孩會直言不諱：「國王沒有穿衣服！」亞斯兒比較不世俗化的行為模式，正是他們不容易見容於這個世界的緣故，當世界充滿謊言，實話就顯得太突兀！一般人能忍住不說出口的話，但是他們不能忍得住，因此言語得罪人也不自知。誠實絕對是對的，只是缺乏語言技巧，容易傷人，而他們缺乏的正是這些技巧。神的話語，經常十分精確而傳神，而神總在我感覺受傷時，用祂的話語讓我釋懷。「是啊！如果不是這樣，他就不是亞斯伯格了！」

努力適應社會生活

亞斯伯格症的就業成功率不高，能夠長期做一份工作的人很少數，除了個性上的固執度，他們也比較缺乏同理心，但是這是可以經由教導和學習而改變的。我的亞斯兒是比較成功的案例，他有穩定的工作，在職場表現良好，而且他學會了與人相處的技巧，也開始懂得察言觀色，在語言表達上也有很大的進步，他確實很努力在適應這個世界。他的工作態度認真負責，排定的班表，一定按時上班；從不遲到早退，也不輕易請假。他說那會造成別人的困擾，他已經學會為他人設想。只要他承諾的事，一定努力做到最好，他不喜歡輸給別人的感覺，因此會努力要求自己。他對自己的角色定位有自覺，他說：「公司和在家裡是不一樣的。我的團體課同學，他們不管在哪裡都一樣，難怪和誰都處不來，我在公司裡和主管、同事都能處好，是因為我不想讓別人討厭我，這樣我就待不下去了。」這些年，孩子真的有很大的進步，我希望他能保有天生的好特質，也能生活的如一般人一樣，擁有親近的朋友，及正常的社交生活。

禱告蒙垂聽

我常為自己和家人禱告，禱告要蒙垂聽，內心要誠實且動機要純正，神喜悅我們用單純的心求告祂！但是祂並不是土地公「有求必應」，公義的神，必不會成就不公義的事。神垂聽人的每一件小事，總在適當的時候讓應許成就，神時刻與我們同在，所以祂深知我們的需要，在必要的時候，聖靈總會對人作出重要的提醒。只是有一種人，連神也很難救的，那就是滿口謊言且習慣說謊的人。一個人無法坦誠相待，需要用說謊來掩飾、搪塞、找理由、找藉口，就是無法說真話，一定有不能說的理由，否則不能說、不想說、不願說，究竟是為什麼？神說敬拜祂需要用心靈和誠實來拜祂，否則心口不一，拜也是枉然。我們對於常說謊話的人，會懶得理他，神對我們也是一樣。能夠直接向神禱告，是神給人的權柄和恩典。代禱只是協助而已，自己對神禱告更有功效。我們不能只找人傳話，而不自己去對父母說，如果有順暢的管道，我們為什麼不自己去說呢？我們和父母況且如此，何況是造我們的神呢？願意承認是神所造，就是祂的兒女。我也鼓勵大家，有什麼問題都可以向神禱告，相信祂、信賴祂，就必蒙指引人生的道路。「你的心中有神，神的心中也必有你。」這是彼此相愛的真諦。神的國是個大家庭，一個充滿愛的大家庭，要到那裡去的人，必須先在這個世界的小家庭裡學習。家人生活在一起需要很大的包容和愛，就連耶穌都曾說：「仇敵是家裡的人」，但他也教導我們要「愛仇敵」。仇敵是對頭，往往是和你站在對立面的人。

家人相處模式

一家人意見相左，溝通不良是常有的事，但是，只要仍彼此相愛，愛能撫平一切。血源關係是最奇妙的安排，無法切割，難以斷絕。真正能理解父母，體會父母的用心良苦，是在自己也成為父母之後。人對沒有經歷過的事，無法深刻體會，所以神讓我們親自經歷。《聖經》上說：「母親不能忘記她喝奶的孩子！」這是十分傳神的形容。生產的苦難，讓我們更珍惜這得來不易的子女。親子之間既是天性也是後天情感培養，而產生的相互依附關係。而我們和神的關係也是一樣，在世間能體會神的愛，就更有愛人的能力。神的國是一個超級大家庭，唯有懂得愛神、愛人且彼此真心相愛的人，才得以進入。

人與人之間的相處，經常會有既定模式，人有親疏遠近，不同的距離往往有不同的相處方式，習慣是很多次的重複成為習慣的。一個小嬰兒都能很快分辨，如何面對家中每個成員，可以吃定的吃定他，可以依賴的賴定他，不好惹的別惹他，模式一旦建立就不容易改變。一個人要改變習慣很難，改變相處模式也很難。但是習慣模式不改變，生命難有突破，想要更新變化更不可能。我們要與人成為彼此信賴的關係，沒有忍耐和包容很難做到。當人和人之間失去了信賴，心靈的距離也會越離越遠。而拉近距離的方式唯有愛。人在愛中會「心存感謝」、「經歷喜樂」、「得到平安」，要活在愛中，才有喜樂才有力量。「感謝」是靈命最好的解毒劑，時時感謝主，讓百毒不侵。當人陷入情緒之中，感謝可以把我們從中慢慢拉出來，感謝會讓我們學會謙卑。常保謙卑並不容易，人容易因為自身成就而自滿，以為自己配得擁有一切，驕傲就會逐漸顯現。

「驕傲」一直是很難除去的罪性，而人天生帶著它，因此人要謙卑，必須消除它，抑制它成長茁壯。這是人的一生時時刻刻都需要處理的問題，求神幫助我們來克服，人靠自己不容易，因為生活中很容易被虛謊不實的話所欺騙，看不見真正的自己。富足順利的人生，尤其容易使人驕傲，驕傲使人頤指氣使、目中無人，對人的態度常省去尊重、少了和氣，在言語和態度上，隨意對待人。一個人對人的愛有多少，忍耐就會有多少，其實，我們所受不了的人，我們對他的愛也相當地不足。一個人的愛有多少，包容、接納的能力就有多少，愛越多，忍耐就越多。親人之間的關係就是這樣，很多人對待身邊親近的人，很隨興、隨意、隨便，衍生許多相處上的問題。

不同世代的價值觀

當人們越來越不懂得感謝，對於曾經幫助過自己的人，將一切視為理所當然，願意相互付出的部分，就會越來越少。以前我們常見到提及自己的父母，就熱淚盈眶的場面，是最可貴的真情流露。現今家庭關係改變迅速，世代交替的很快，每個世代有不同的價值觀，不同的社會認同，不同的待人處世方式。不同世代的人，住在同一個屋子裡，各有各的想法，各有各的堅持，家人之間比外人更難以溝通，而家人之間懶得談話、懶得溝通，更是現代家庭很常見的問題。「家」並不只是一個棲身之處，它是一個避風港，是人在倦了、累了，想要回去的地方。因為家中有愛你的人，以及你愛的人。「愛」是需要靠家人共同來維繫，否則容易失衡，也容易消失愛的感覺。更多的夫妻離異，更多的親人失和，愛少了，情也淡了！因而家庭價值猶如冰山裂解，難以復返。我們不喜歡靠近容易刺傷人、扎傷人的人，在言語上容易傷人的人。別人會和你保持距離，以策安全，甚至遠離你，不願靠近。因此，即使是無心的傷害也應該避免。

「相愛容易相處難」，越來越多人選擇買個人套房自己居住，不與人相處就不會產生磨擦，大家樂意當單身貴族，但是年老之後，就會成為獨居老人，缺乏人際往來互動，不只是孤寂的問題，人會越來越失去與人相處的忍受度，與生活的適應能力。生命就是愛、生活、學習。愛必須有對象，不然如何相愛？愛自己是「自戀」，「愛戀」、「依戀」都必須有對象能互動才會成立。我們既然身處社會生活並學習，當然需要很多相處的對象。我的亞斯兒是個即使獨處，也不會感到孤獨的人，但是自從他能融入一般人的社交生活，有了友伴關係，他覺得生活更快樂，也更願意與人相處。現在我們的親子感情是良好的，也是互相信賴的。信賴的三要素：守約、付代價、無條件接納的愛，這正是人的情感生活中，最可貴的部分。神就是這樣愛人，而人也當學習這樣愛神、愛人。

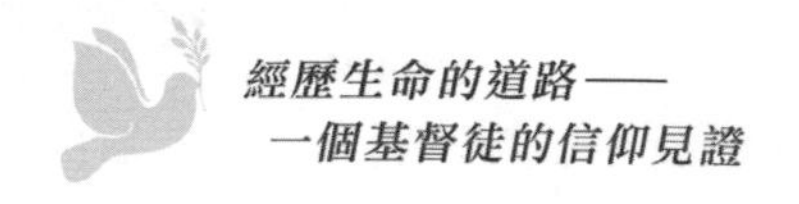

主內大家庭

當少子化已經成為無法改變的事實，但是人類仍然是需要靠互相幫助，生活才能有品質。我們不會希望在晚年時，被呼喚而來的，全是沒有溫度的機器人吧！這是有可能的人生，而且距離並不遠。初代教會的生活方式，將在日後重現，成為人們相互的倚靠。主內是個大家庭，教會裡的弟兄姊妹，是一個互相關懷的團體，這和其他信仰有很大的不同。很多信仰的修行，是靠自己的修為去達成。而想成為天國子民，卻是要在團體中學習，如何與人相處、如何彼此相愛，學習相愛，就是必然要有對象，而且不限多寡。在這個大家庭裡，只要你願意，就會被關懷，關懷人和被關懷是彼此相愛的模式，這是一個愛的家庭，要學習愛人與被愛的地方。

生命的不同風貌

我的外婆年紀輕輕就守寡，她是位虔誠的基督徒，在她生命最後階段，因為跌斷骨頭而臥床，無法再到教會聚會。但是她的教友們，會在聚會結束後來家中探視她，一起唱詩歌、讀經、禱告，數十年所建立起來的感情，是牢不可破的。外婆享年八十歲，她的晚年是十分富足的，令人十分的羨慕。而我的祖母和外婆只差一歲，中年喪偶，非常持守傳統信仰，對於拜拜十分講究，完全遵照古禮。她在七十歲那年，就為自己準備好臨終時要穿戴的衣物、鞋子，並一再囑咐家人，她放在何處。她一等就是二十多年，在九十多歲的高壽離開，晚年卻是孤單而寂寞的。

我的外婆、祖母都是十分疼愛我的人，而我在她們身上，看見不同的信仰有不同的晚年。我的祖母在來日不多時，常說她的房間裡坐滿了人，心中十分恐懼害怕！而我的外婆離世前，我和媽媽陪在身邊，意識不清瞳孔已渙散，口裡呼叫的是：「媽媽！媽媽！」，而領她信主的人正是她的母親，她離開時面容安詳。她的喪禮則是我生平參加的第一場，基督教儀式的告別式，令我印象深刻。沒有想到幾十年後，我們全都成為基督徒，爸爸、媽媽也去了天家，我的媽媽和她的媽媽及她的外婆都團聚了，在那裡，大家全部成了兄弟姊妹。「家和家人」是人生中最需要學習的功課，因為有太多奧祕在其中了！我們不知道的，而神一直都知道！

第 4 篇

生命中的意外

在完整的人生中，意外也是生命的一環。人生充滿意外，因為人所無法預料的事，實在太多了，出乎於預期、料想之外的事，都稱為「意外」。人生並不能使海水常綠，天空常藍，海面不可能平靜無波，氣象也總是變化萬千。而我們身處其中，該如何自處，該如何面對無常的人世，接受生命中的意外，也是人生的課題。

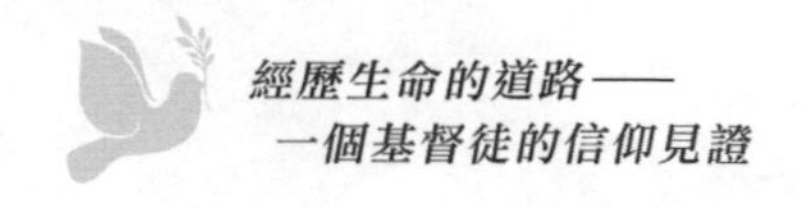

意外是生命的一環

在完整的人生中，意外也是生命的一環。人生充滿意外，因為人所無法預料的事，實在太多了，出乎於預期、料想之外的事，都稱為「意外」。而意料之外也全非壞事，人生的喜、怒、哀、樂往往源自於：意外驚喜、意外收穫、意外之財、意外之災、意外之禍、意外損失、意外事故……等。「意外」既是生命的一環，在世為人無法避免，趨吉避凶是人的本能，每個人都只想要好的部分，而不想要不好的部分。但是意外，往往由不得人的選擇，不想遇到卻遇上了，且那往往只是瞬間的事，有些人甚至來不及反應，就失去了生命。「意外」每天在世界各地上演，就在世界的每時每分每秒，發生各式各樣的意外，有喜、有悲、有苦、有樂，但是往往「福無雙至，禍不單行」，因此在感覺上，意外的發生，壞事總比好事多。意外的發生，有天災、有人禍，更有天災加上人禍，造成無法收拾的慘劇。天災往往會造成很大的傷亡，就在瞬間，摧毀了一切；而人禍往往是人的疏忽造成的，當人的生活方式，越來越鬆散不嚴謹，每一環節的螺絲鬆了也沒人在意，意外發生的機會就會高很多。在生活中，用什麼態度生活很重要，用什麼想法、看法生活也很重要。既然生命中的意外，無可避免，一個人的生命中，無病無災並無可能，我們無法預料，是無常先到或是明日先到，正因為生命無常。人生並不能使海水常綠，天空常藍，海面不可能平靜無波，氣象也總是變化萬千。而我們身處其中，該如何自處，該如何面對無常的人世，接受生命中的意外，也是人生的課題。

心碎的夜晚

一個令人心碎的夜晚，傳來堂妹出車禍的消息，她的腦部受重傷，昏迷指數3分。十多年前，我的先生也是腦部重傷，昏迷指數3分。那個重擊，又一次擊中了我！歇斯底里的大哭大叫；「怎麼可以這樣？」「主啊！怎麼可以這樣？」我用拳頭重重地敲打牆壁，悲傷夾雜著憤怒，崩潰地嚎啕大哭，情緒難以平復。因為我太清楚，昏迷指數3分意味著什麼？那是一個多麼艱難的過程，我完全明白！夜越來越深，心越來越亂，我的教會好友，看見我傳的代禱訊息，打電話問我狀況。我在電話一端，不斷地痛哭、泣不成聲，好友不斷用禱告來安撫我的情緒，並告訴我，在這樣的時候，並不適合開車南下，希望我不要冒險。在她的持續禱告中，我的情緒逐漸緩和下來，終於自己也能用方言禱告了。在這之前，只有高漲的情緒，不斷地在房間裡咆哮：「為什麼？為什麼？能夠發生這樣的事？」「主啊！怎麼能夠這樣？」我是第一次這樣失控地抓狂，因為我不願意，不願意這樣的

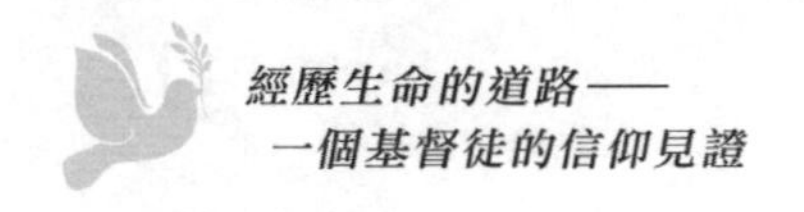

事，再一次發生！我用方言為堂妹的病情迫切禱告了很久很久，相信神必深知我內心的痛苦，求主憐憫我也憐憫她！當我決定將一切交託仰望，交在主手中，決定聽從好友的建議，明天清晨再南下。

意外車禍事故

堂妹的傷勢十分嚴重，受傷的主要部位在頸椎，斷裂了三根，因此腦幹失去了功能，無法自主呼吸。到院時，雙眼瞳孔已放大，失去生命跡象，在緊急插管後，恢復呼吸心跳，維持了生命的徵兆。躺在加護病房裡，身上插滿管子，監視器上的螢幕，不斷跳動的數字，顯示著目前的狀況。昨夜醫生已經告知，因為傷在腦幹，生存機會渺茫，家屬要有心理準備。沒有人願意接受這樣的事實，只不過是在傍晚和表姊一起散步，這是養成很久的習慣了！天色尚未昏暗，寬敞的道路，一前一後靠邊行走，卻被一位十五歲的少年，騎機車從後方撞上右小腿，頭部直接撞擊地面，造成如此嚴重的傷勢。少年說是因為蚊子飛入眼睛裡，他用手去揉眼睛，因而單手騎車，造成了這樣的事故。那日，堂妹前一刻鐘才和熟悉的人閒聊，沒想到才走沒多遠，就發生憾事了！人世間的巧合莫過於此，只要多聊兩句，就不會遇上那輛要命的機車了，但就是遇上了啊！

生命中的艱難

我對堂妹的意外事故，十分心痛且不捨。我們是很有話聊的好姊妹，從小一起長大，就住在對面。我已婚，她未婚，雖然是不同的人生境遇，但是在經歷人生的艱難上，總是差不多的。她從職場退下之後，回鄉陪伴母親，這些年來，兄弟連續病故，承受著不容易的人生。在信仰的道路上，我正帶領著她，而在生活上，也正陪伴她，經歷艱辛的過程。我們談論很多事，未婚的她，對人生有很多計劃，她是十分細心體貼的人，在各樣的事上，都規劃安排的十分妥當，總是未雨綢繆，但也因為思慮多，煩憂也多。我常用《聖經》上的話語勉勵她，也鼓勵她看《聖經》，希望她也能從其中找到力量。我也常為她禱告，求主來幫助她度過這些艱難。

禱告中見異象

大約在她發生意外的一個多月前，我在為她持續禱告的第四天，在禱告中，我看見的畫面，是有許多圍繞在她身上的白色細線，掉落下來了。我很興奮地將這個異象告訴她。她也很好奇的問我：「姊姊，謝謝你！我感到好奇。你說，看見有許多圍繞在我身上的白色細線，已經掉落下來了，那

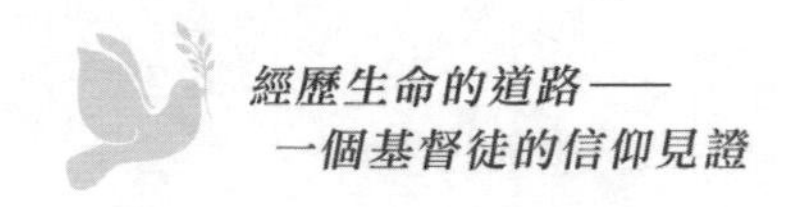

是代表什麼意思啊！是表示我想通了嗎？」我回覆她：「人的身上總會有許多的纏累，所以人生無法輕省，脫去纏累的方法，靠神比靠人有效，一起來努力，有交託就能仰望，神的恩典！」看見異象，正是神回覆我的禱告的方式。在我的爸爸病重時，我為他持續禱告到第六天，看見一道光，從爸爸的頭上照下來。我知道，我的爸爸得救了！光進來了，黑暗就出去了！在那禱告之後，爸爸身體果然好轉，又活了幾年。因為神的光照，爸爸得了醫治也得到拯救，後來也受洗歸入主的名下！所以我認為當神開始介入堂妹的生命，神也必定會拯救她。在當時，我們的心中是充滿盼望的。

我常分享神在生命中，如何幫助我的見證，我將這些見證集結成冊，出版了《經歷生命的奇蹟》，當我將書送給堂妹，她很快就閱讀完畢，並留言給我：「姊姊，一路走來，你辛苦了，也很高興，在神參與你的生命後，你的人生有很大的轉變，重要的是，這改變是正向的，很為你高興。祝你在神的眷顧下，往後的一切，更加喜樂平安！」我也回覆她：「謝謝！神也會與你同在！我衷心希望，大家都有平安喜樂的人生，且能經歷神的豐富恩典！」沒有想到這竟是我們最後一次對話，因為過了不久，意外就發生了！我很不解的詢問神：「為什麼？為什麼會是這樣？在爸爸的異象中，祢拯救了他，因何在堂妹的異象中，看起來像是好的情況，而她卻發生了這樣的事？主啊！這是為什麼？」這回神沒有回覆，任憑我怎麼問，都沒有答案。或許在許久以後，我會知道為何會這樣，也或許永遠不會知道！

受洗歸主

意外既然已經發生，就是不得不面對的事實，因為腦幹失去了功能，其實是呈現「腦死」狀態，雖然在急性期，醫生不會輕率作出這樣的判定，但事實上和死亡的距離非常近。大家接受不了這個事實，卻也都清楚，她隨時都有可能離開我們，因此大家開始商量要如何安排後事。以傳統信仰來說，一個未婚的女性，死後的牌位是不能入「公媽廳」一起被祭拜的，而必須將牌位寄放在寺廟或佛堂裡。我的伯母是對傳統信仰十分執著的人，堂妹生前雖然對於基督信仰，有較多的好感，她曾對我說：「禱告停車位很有效耶！」可見她也正在學習，如何向神禱告祈求。她曾經和許多人談過，參加傳統喪禮，感覺不舒服，基督教告別式感覺好多了。我鼓起了勇氣，向伯母表達堂妹在生前，對於基督信仰的認識。她常常和我談論信仰，尤其是在兄弟一一離世之後，開始思考人的末了將往何處去？一想到傳統的輪迴觀點，真是連再出生的勇氣都沒有了！即使如此，我們都覺得來日方長，因此也沒有積極討論受洗歸主。而事到如今，是否讓她在臨終前受洗信主，完成她生前來不及做的事？沒想

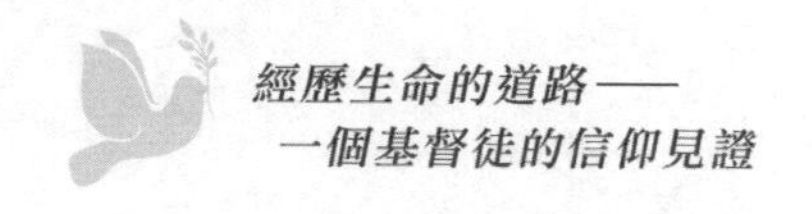

到，伯母竟然同意了。我們為她找來牧師進行受洗儀式。這些日子以來，陷入深度昏迷，醫護人員表示她對疼痛的抽痰毫無反應，但是我們總覺得她是能聽見聲音的，她必定能夠知道自己，已經成為基督徒，歸入主的名下了。人是靈、魂、體三者合而為一的個體，以瀕死經驗者的例子，靈體會浮在上方觀看所發生的一切，而且能清楚感知。我的好姊妹，我們已經同為神的兒女了！來日必能在天家相會。

忍痛拔管

在加護病房的那段日子，我看見她的好人緣，同學、同事在知悉消息後，紛紛南下來看她，她的同學遺憾的說，原本邀約一起去旅遊，但她表示「沒有辦法去」，以至沒能成行。沒有人料想得到一個月後，無法成行的原因，竟是躺在加護病房裡。雖然堂妹表面看起來像是沒有反應，但在至親好友的聲聲呼喚下，即使只是眼角的一滴淚水，也發生過很多次，到後來，甚至會轉動頭部，像是聽人說話時的反應。醫護人員認為那只是反射動作，沒有意識。但是我在她拔管前一天，告知她因為實在傷得太嚴重，無法自主呼吸，因此決定讓她不再承受痛苦的離開，當我說到肇事者，她的頭立刻轉向我，像是聽懂我說話的內容。這樣的反應，實在讓人心碎，也格外不捨。只是她從送醫至今，放大的瞳孔沒有回復，對光也絲毫沒有反應，腦幹已失去了功能。我知道她的情況和我先生當時的狀況並不一樣，我的先生昏迷四十二天，終於甦醒過來，狀況是一直在進步中的，腦幹雖然也曾受到壓迫，但是擴散的瞳孔，漸漸恢復到正常的大小，拔管之後也能正常呼吸，因此能存活下來。而堂妹是被詢問是否願意器官捐贈的「腦死患者」，醫生評估在拔管之後，很快就會走了。

器官捐贈卡

我知道她將帶著諸多的不放心、不甘心、不捨得，離開她所掛念的人。單身的她，十分看重自己的家人，對自己弟弟遺留的兩個孩子，總是視如己出，疼愛有加，希望能夠陪伴他們長大。原以為在母親百年之後，就能擁有屬於自己的自在人生，誰能預料，竟然還是白髮人送黑髮人。在傳統觀念要留全屍，加上年老母親的不捨，不希望再被開腸剖肚，因此沒有達到器捐的共識，為了器捐的事，曾經開了幾次會議。器官捐贈是有條件的，捐贈者必須沒有癌症和一些血液上的疾病，而器官健康的她，是符合捐贈條件的。

有一件非常奇妙的事，我在多年前，因為同意器官捐贈，而有一張器官捐贈卡，一直擱在抽屜裡，在堂妹出事的前幾天，我在整理抽屜的時候發現了它，就將它放在皮夾裡。這件事也是巧得不可思議，也不知因何突然去整理抽屜，隨手把卡片放在皮夾裡。自從經歷了這件事，我將卡片隨身攜帶。身為基督徒，「生死在神的手中」，我們永遠不知道下一刻會發生什麼事？神造我們之後，吹了一口氣，讓我們成為有靈的活人，而人死之後，靈離開了身體，留在這世間的肉體是無用的了。如果留下的器官，還能供給他人使用，讓有用的器官在有需要的人身上繼續存留，也是另外一種生命延續的方式。

最後的告別

決定拔管那天清晨，我做了一個夢，夢見我很開心地擁抱著一個人，仔細一看，竟然就是堂妹。她的容貌比之前更為美麗，帶著燦爛的笑容，當我發現是她，把她抱得更緊、不捨放開。但是一下子夢就醒了，是堂妹來告別了。這些年來，我習慣在和她分別時，擁抱她一下，她總說：「姊姊的擁抱好溫暖！」因為這個擁抱代表著理解與愛，而人與人之間，有時最需要的正是這個。曾經我也這樣被擁抱，安慰了我的心。原本預定拔管的時間是上午十點，因此在九點三十分時，牧師開始進行臨終禱告，後來又接獲訊息，要延到十一點才拔管，因而我們有了和她一一告別的機會。每個人一一和她擁抱道別，一張病床，圍滿了愛她的至親好友，我們用禱告、唱詩歌來送別我們摯愛的人，至今回想起來，仍充滿感動。能夠被滿滿的愛所包圍，是多麼豐滿的人生啊！告別式那日，我們也用滿滿的愛來送別她，向她「道謝」、「道愛」、「道別」，這是一場不一樣的告別式，以溫暖為基調，看著會場佈置的照片，那是我們一起旅遊時拍攝的，我以為我們會一起變老，我以為我們還會有無數次的旅遊，我以為相聚的日子還有很多，我以為我們的悲喜人生還會繼續。只是人生未如預期，往後在我們生命中，她將永遠缺席，而過往的歡樂相聚，將永遠留在記憶裡，提供隨時的複習。

悲傷沒有遠離

當事情似乎告了段落，但是悲傷並沒有遠離，失去所愛之人的「傷」與「痛」，往往會伴隨著很長的一段時間，尤其是充滿著遺憾、悔恨、難捨的情緒。多想回到事發之前，去阻止這次憾事的發生，我們為無法挽回的事，充滿怨懟、不平和悲憤，這是十分可以理解的情緒反應。面對人生中的意外，不是一門容易的功課，我們需要學習如何面對它、接受它、解決它、放下它，才是一個完整的過程，沒有走完這個過程，傷痛將會停留更久，更無法接受。人生再也無法回到原來的樣子，走不出悲傷的過往，將會在漫長的一生當

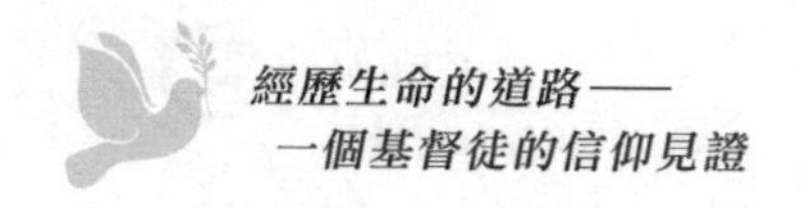

中，怨天尤人、抑鬱終生、無法釋懷，人生就此完全變調，再也調不回來。在人生中意外並不少見，有人逃過一劫，有人失去生命，「幸」與「不幸」無法解釋原由，因此歸諸於運氣。人人求平安，但是不平安也常發生在我們周遭，一場無妄之災，往往改變著許多人的生命，有人活下來了，卻是伴隨著終身殘疾，生命面臨更艱難的考驗。基督徒也是人，而神並不偏待人，當一切求神保守，仍然遇上意外事故，縱使認為神的保守不會有失誤，但事情的發生又往往不能盡如人意。當事與願違，人們會忍不住埋怨神、抱怨神、責怪神，因何讓自己承受這樣的痛苦，這讓我想起《舊約聖經》中的《約伯記》。

約伯的苦難

《約伯記》是《聖經》所收錄的最早一卷書，大概寫於亞伯拉罕時代，這是猶太人中流傳很久的一個故事，《約伯記》是以詩的形式寫成，詩總是讓人更容易記憶，因而能流傳甚為久遠。《約伯記》中的角色個個能言善道，有如莎士比亞著作般的精采對白，很有戲劇張力。會收錄於《聖經》中的故事，都是能發人深省的例子，舊約中的偉人，都是呈現真實人性的樣貌，而約伯也不例外。像約伯這樣一夕之間失去所有、子女、財富、健康的人，在這世界上也不少見，只是能有約伯末後景況的，就不多見了！《約伯記》是以約伯的苦難及忍耐為例子的故事，以希伯來詩的方式流傳，敘述約伯在經歷種種苦難，仍然沒有遠離神，他在整個過程中，不斷訴苦、伸冤、辯屈，而他的朋友一直認為，約伯一定是做錯什麼事得罪了神，才會遭受這樣的災難，一再要約伯承認錯誤、悔改向神，就能免去災禍，得到神的祝福。但是約伯認為他自己並沒有犯錯，要如何認錯？因而展開了一場辯論，結果傷了和氣又傷了彼此的心。

「**烏斯地有一個人名叫約伯，那人完全正直，敬畏神，遠離惡事。**」（約伯記一章 1 節）約伯在當時十分富有，他有十個子女，還有為數眾多的牲畜和奴僕，他感謝神賜給他豐厚的一切，因此敬畏神，遠離惡事，過著完全正直的生活。正直是很不容易持守的品格，正直的人不會心口不一，想一套、說一套，也不會表裡不一，說一套、做一套。撒但（控告者）不相信世界上會有這樣的人，牠對神說：「約伯不是真心愛神，是因為神賜給他一切，所以他才愛神。」因此神允許撒但考驗約伯，但是不能傷及他的性命。

撒但考驗約伯

撒但使約伯在一夕之間失去十個子女和牲畜、奴僕，就是他所擁有的一切。「**約伯便起來，撕裂外袍，剃了頭，伏**

在地上下拜，說：『我赤身出於母胎，也必赤身歸回，賞賜的是耶和華，收取的也是耶和華，耶和華的名是應當稱頌的。』在這一切的事上，約伯並不犯罪，也不以神為愚妄（不妄評神）。」（約伯記一章 20-22 節）而撒但認為，當約伯失去所有，並承受肉體的痛苦，在各種磨難中，就會現出原形。「於是撒但從耶和華面前退去，擊打約伯，使他從腳掌到頭頂長毒瘡。約伯就坐在爐灰中，拿瓦片刮身體。他的妻子對他說：『你仍然持守你的純正嗎？你棄掉神，死了吧！』約伯卻對她說：『你說話像愚頑的婦人一樣。唉！難道我們從神手裡得福，不也受禍嗎？』在這一切的事上，約伯並不以口犯罪。」（約伯記二章 7-10 節）約伯不怨恨神，認為從神得福，也會受禍，他仍認為不應該怨恨神。當約伯失去一切所有，身上還長滿毒瘡，心理和生理都承受很大的痛苦。約伯在痛苦難耐時，希望自己從來不曾出生，就不會飽受折磨，認為自己死了反而比較好。「受患難的人，為何有光賜給他呢？心中愁苦的人，為何有生命賜給他呢？他們切望死，卻不得死，求死勝於求隱藏的珍寶。他們尋見墳墓就快樂、極其歡喜。」（約伯記三章 20-22 節）約伯極其痛苦而希望自己死亡，不必再承受這樣的痛苦。「因我所恐懼的臨到我身，我所懼怕的迎我而來。我不得安逸，不得平靜，也不得安息，卻有患難來到。」（約伯記三章 25-26 節）恐懼和害怕幾乎要擊垮約伯了，這是人的正常反應，正是人最難以承受的部分。約伯是個正直的人，但他仍舊只是個人，有著人無法避免的軟弱。

約伯與三位朋友

約伯有三位朋友，聽說有災禍臨到約伯身上，就來看他。約伯為自己的慘狀訴苦，為此痛不欲生！但是朋友卻糾正他：「**你的倚靠，不是在你敬畏神嗎？你的盼望，不是在你行事純正嗎？請你追想，無辜的人，有誰滅亡；正直的人，在何處剪除？按我所見，耕罪孽、種毒害的人，都照樣收割。神一出氣，他們就滅亡；神一發怒，他們就消沒。**」（約伯記四章 6-9 節）「**神所懲治的人是有福的，所以你不可輕看全能者的管教。**」（約伯記五章 17 節）朋友覺得約伯一定是做了什麼事，才讓神出手管教他。「**我的舌上，豈有不義嗎？我的口裡，豈不辨奸惡嗎？**」（約伯記六章 30 節）約伯為自己的言行辯駁。「**神豈能偏離公平？全能者豈能偏離公義？或者你的兒女得罪了祂，祂使他們受報應。你若殷勤的尋求神，向全能者懇求，你若清潔正直，祂必為你起來，使你公義的居所興旺。**」（約伯記八章 3-6 節）「**神必不丟棄完全人，也不扶助邪惡人。**」（約伯記八章 20 節）朋友認為必然不會事出無因，又有一個表示意見。「**你若將心安正，又向主舉手，你手裡若有罪孽，就當遠遠的除掉，**

也不容非義住在你帳棚之中。那時，你必仰起臉來，毫無斑點，你也必堅固，無所懼怕。你必忘記你的苦楚，就是想起也如流過去的水一樣。你在世的日子，要比正午更明，雖有黑暗，仍像早晨，你因有指望，就必穩固，也必四圍巡查，坦然安息。」（約伯記十一章 13-18 節）朋友們不斷想說服約伯向神認錯、悔改，才有救贖。約伯沒有接受朋友的勸說，認為朋友並不了解事情的真相和真實的自己，認為朋友不是陷入苦難中的人，不能真正明白自己。有朝一日，如果有相同遭遇，才能真正理解目前的苦處，而不是來挖苦譏笑他。「安逸的人，心裡藐視災禍，這災禍常常等待滑腳的人。」（約伯記十二章 5 節）安逸的人確實難以同理正在承受苦難的人，因此約伯也反唇相譏。「約伯回答說：『這樣的話，我聽了許多，你們安慰人，反叫人愁煩。虛空的言語有窮盡嗎？有什麼話惹動你回答呢？我也能說你們那樣的話，你們若處在我的境遇，我也會聯絡言語攻擊你們，又能向你們搖頭。但我必用口堅固你們，用嘴消解你們的憂愁。』」（約伯記十六章 1-5 節）這些原本要來安慰約伯的朋友，越是多言越是使約伯惱火。「約伯回答說：『你們攪擾我的心，用言語壓碎我要到幾時呢？你們這十次羞辱我，你們苦待我也不以為恥。果真我有錯，這錯乃是我。你們果然要向我誇大，以我的羞辱為證指責我，就該知道是神傾覆我，用網羅圍繞我。我因委曲呼叫，卻不蒙應允，我呼求卻

不得公斷。』」（約伯記十九章 1-7 節）好心用錯地方，反而更傷害人。約伯和他的朋友，都是有豐富知識且對神有正確認識的人，但是他們誰也無法說服誰，辯論式的講論方式，往往越辯火氣越大，最後完全把約伯惹怒了！安慰身處苦難中的人，安慰不要成為檢討他人的機會。「就是因為那樣，才會這樣！」這樣的話語並不適合說，言語往往有很大殺傷力，不該在傷口灑鹽。

約伯與神

《約伯記》的末了，神終於登場了。「**耶和華又對約伯說：『強辯的，豈可與全能者爭論嗎？與神辯駁的，可以回答這些吧！』於是約伯回答耶和華說：『我是卑賤的，我用什麼回答你呢？只好用手摀口，我說了一次，再不回答，說了兩次就不再說。』於是耶和華從旋風中回答約伯說：『你要如勇士束腰，我問你，你可以指示我。你豈可廢棄我所擬定的？豈可定我有罪，好顯自己為義嗎？你有神那樣的膀臂嗎？你能像祂發雷聲嗎？』**」（約伯記四十章 1-9 節）「**約伯回答耶和華說：『我知道祢萬事都能作，祢的旨意不能攔阻。誰用無知的言語，使祢的旨意隱藏呢？我所說的，是我不明白的，這些事太奇妙，是我不知道的。求祢聽我，我要說話，我問祢，求祢指示我。我從前風聞有祢，現在親眼看**

見祢。因此我厭惡自己，在塵土和爐灰中懊悔。』」（約伯記四十二章 1-6 節）最後約伯接受事實，承認他不該責怪神這樣對待他。當他向神悔過，神就悅納約伯，並斥責朋友誣告約伯。「**約伯為他的朋友祈禱，耶和華就使約伯從苦境轉回，並且耶和華賜給他的，比他從前所有的加倍。**」（約伯記四十二章 10 節）

人的自以為義

在《約伯記》中，約伯和他的朋友們，都有自以為義的問題，約伯的自義，是認為自己並沒有錯，神不該錯待他；而朋友們的自義，是以為自己很好，所以沒有受神懲罰，而約伯一定犯了什麼錯，才會遭受如此災難。在大部分人的認知裡，都不會認為自己有錯，錯的一定是別人。指責他人的錯誤，比指責自己容易的多。但是人其實沒有資格論斷人，能夠評斷人的也唯有神，只有神能夠熟知每一個人，而人是做不到的，能夠真正安慰人的也唯有神。因為只有神，能讓人的生命有根本的改變，能夠提供人們真正的需要。而人的角色，多些理解、陪伴，少些口水，才是更好的方法。

神容許苦難發生

從《約伯記》中，我們可以明白，今生受的苦和犯罪沒有直接的關係，而神容許苦難的發生，為的是考驗人。「好人受苦、惡人安逸」有時我們並不明白，也不需要明白，因為神並沒有義務向我們解釋，每一件事因何會發生，就如神因何允許撒但考驗約伯，而使約伯承受這樣的痛苦，神容許約伯受苦，有祂充分的理由。神考驗約伯，正是因為神看重約伯，對於約伯的正直有信心。經歷苦難，並不是我們犯了什麼錯，而是生命中需要經歷的考驗過程，通過考驗更能證明，我們是怎樣的一個人，這正是神判斷我們的依據。公義的神，最終將會還我們公道，公理必會得到伸張，因為曾經活在世上的惡人、善人，都將站在審判台前，接受最後的審判，而那日山羊（悖逆）、綿羊（順服）會被區分開來。

AI 人工智慧

在人生中有很多力不從心、無能為力的事，尤其面對災難性的意外事故。每一件事故的發生，必然都有其原因，有很多的意外發生，往往是人為的因素造成的。當火車也能對撞，飛機也能對撞，船隻也能對撞，川流不息的汽、機車撞擊故事，更是不知每日發生多少件？因此有些人開始相信，由 AI 人工智慧取代經常失誤的人類，意外就可以減少。我們現今，每日把生命交在他人手中，以後將生命交在 AI 手中，哪一種會比較安全？那是未來要面對的問題，只是當人們的生活，便利到只剩一個指頭的功能，就表示人們將失去更多的能力。

當計算機發明之後，很多人沒有計算機無法算帳。沒有依靠導航，無法到達目的地。我們越來越相信電腦，而不相信自己的腦袋，用進廢退是一個事實。當什麼都可以靠電腦來完成，而電腦有早已設計好的程式，按照指示就能完成了。機械取代人力，電腦取代人腦，確實快速很多，但是走向滅亡的速度也在變快。AI能取代人類，卻無法取代神，即使再厲害的人工智能，也無法面對災難性的天災。

人擅長造神

人類擅長造神，把人拱得像神一樣，原來人要的，只是看得見的神，而不是看不見的神。但是再偉大的人，也成不了神。人和神最大的不同，是人總在製造自己也解決不了的問題，還沾沾自喜且洋洋得意，大家搶著當橫衝直撞的領頭羊，自信自己帶領的方向一定沒有錯誤。人往往走向錯誤的方向而不自知，因為人沒有神的高度，看不見長遠的未來，又不願順服神的帶領。科技引領潮流，人們追求快速便捷，停不下來的速度，往往造成更大的傷亡。「速度」帶著衝撞的力量，一旦發出便無法收回。人們一方面享受這樣的快感，一方面承受帶來的後果。當氣候異常成為常態，恐怕意外事故也會成為常態。如果這是世界未來的走向，人們將如何在這樣的世界尋求平安？

真正的平安

「平安」永遠是生命中最重要的一件事，這是誰也無法否認的真理。平安讓生命得以繼續，平安讓生命有了意義。失去了平安，生活將充滿恐懼。每年有為數甚多的難民，冒著生命危險，逃離原本居住的地方，如果不是置身險境沒有平安，誰願意遠走他鄉、流離失所？不管在任何時候，「平安」都是最重要的。《聖經》中經常提到平安，「平安！（沙龍）」是猶太人的問候語也是祝福。身為基督徒，我在《聖經》中找到很大的平安，也找到真正的平安，在信主的十二年間，主賜給我很多的平安，即使經歷很多艱難的過程，因為主的同在，而能擁有平安和滿滿的愛。當人生經歷風浪，特別能感受平安的可貴，平安是生命中最大的幸福，也是最大的祝福。在我的生命中，神的話語是我隨時的安慰，祂理解我、體恤我、憐愛我，祂給我預言、異夢和異象，在靈裡溝通暢行無阻。

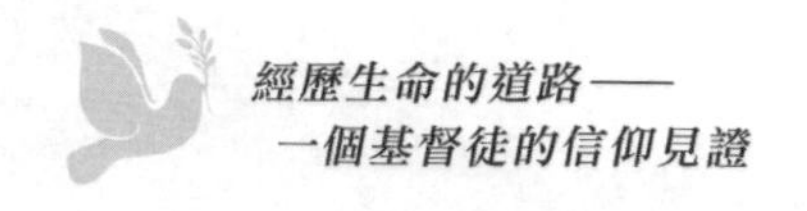

沒有平安的預告

「平安、平安，其實沒有平安！」2021 年 5 月 13 日神給我這樣的回應。昨日爆發 16 例新冠肺炎本土案例，有社區感染的情況，心中有些許不安，因而求問神。新冠肺炎在全球已經肆虐一年多了，台灣一直控制在好的狀況下，沒有明顯的疫情。因而人們除了戴口罩，生活作息一如往常，仍然團聚過節，宗教活動依舊萬人空巷、熱鬧非凡。零星的本土案例，已經是好久以前的事了。對我們而言，過慣平安的日子，難以想像沒有平安的景況。新冠肺炎疫情，一直只是新聞報導上的畫面，幾乎癱瘓的醫療，未及送醫就死亡的人們，病毒快速的傳播，造成大量染疫的人們，人們被禁止外出，減少感染風險，封城鎖國，人們失去了往日的生活方式。「主啊！會這樣嗎？」答案顯然是肯定的。5 月 15 日之後，染疫人數如失速列車般快速增加，醫療量能很快便不充足，有些人未及送醫便死在家中，全家染疫無法送別親人的情景，一再重複上演，一切的一切都是往日未曾出現的景況。現在終於能夠體會，身處地球村，無人能置身事外！

人總要在親身經歷之後，才能真正感同身受，而今我們正在嚴峻疫情中，承受必須經歷的一切。經歷苦難的過程，往往是最難熬的時光，面對不曾經歷的景況，難免焦慮不安。隨著染疫人數的不斷增加，死亡人數也持續上升，更多的人倫悲歌，也持續上演，許多人在染疫之後很快就身亡，對於不知何時方止的疫情，不免令人心生憂慮！身處疫情當中，除了等待疫苗施打，造成全體免疫的效果，也無他法。然而疫苗普遍施打之後，需要許久的時間，才能看見成效。目前因為僧多粥少，疫苗供應尚不足夠，因此國際間，各國為取得疫苗，只能各憑本事。

主賜平安

在這樣的時候，身為一個基督徒所能做的，除了禱告還是禱告！就在 5 月 22 日這天，神回應了我的禱告，祂說：「9 月 15 日以後，就會變好了！」神從來不曾如此明確的說出日期，但是我相信，一切都在神的掌握中，而祂必將保守一切！因為有神的話語，使我安心的行在祂的同在中，因此並沒有驚慌失措、恐懼不安，當一切了然於胸，即使在不平安中仍有平安！

人們求平安，當求真神賜下真平安！認識真神有平安，並有信心得平安，因為主賜下平安給我們，因為聖靈的能力使我們有盼望。主是醫治的主，祂使我們的身體、心靈都有平安，而且是隨時隨事，給我們意想不到的平安。即使遭遇苦難、艱難也有平安，因為主與我們同在，而祂已經勝了世界，會保守我們的心懷意念，使我們有喜樂、平安。「只要相信，就必得著」，這是神所應許的，且是永遠不變的法則。

欣然見主面

每一個未知而突然臨到的都是意外，意外的發生，有時只是一時的沒有察覺而已，其實早已在進行中，災難並不是忽然而至，許多事其實早已警示許久。但是人們對於將臨的災難束手無策，即使擁有再多的金錢，也找不到相應的對策，我們必須承認，世界上有很多事，是金錢也辦不了的。一個災難來臨，全部化為烏有，因為災難是不分對象的。人類追求迅速，而災難到來的速度也十分迅速，往往難以防備且措手不及。有朝一日人們的流離失所，不是因為戰爭，而是因為無法抵擋的災難。這是《聖經》早已記載的末日景象，並非離得好遠，而是靠得好近。

有主同在與主同行，我並不驚恐也不懼怕，神要我活著，就好好的過每一天，神要我離開，就欣然去見主，一樣是好的無比的。去一個無病無災的地方，能夠平安度過永生，是多麼令人期待的事！主是早已熟識的了，祂的國是在這個世界無法找到的，因為神國的君王，是真正為每一個子民著想的，並不是為了權力和自身的利益。神只有給人的，從無需從人身上獲得什麼，祂是全知、全能的神，知道給人什麼才是最好的。神的國供應人的一切需求，滿足人的需要，人只要成為遵守神國法則的子民即可。

第 5 篇

沮喪的泥沼

沮喪有時像陷入泥沼裡一般，一開始還想嘗試脫離，漸漸地就失去爬出泥沼的能力與動力。對於深陷沮喪的人，安慰也很困難，一般人會要他不要想太多，要打起精神來，要多想快樂的事。但這都於事無補，因為沮喪的人失去慾念和慾求，沒有什麼能吸引他，沒有什麼能改變他，對於一切彷彿都無所謂了！這和真正因看開而釋懷並不一樣，那不是積極面對，而是消極抵抗，抵抗一切的不如意！

沮喪有如感冒

沮喪是一種常見的情緒，每個人都會經歷，是在遭逢失敗、挫折、灰心、失望時，容易產生的情緒反應。沮喪像感冒一樣，有時症狀輕微，來得快，去得也快；有時症狀嚴重，拖了一段時日，也不見好轉。輕微的沮喪可以平常心看待它，但是較為嚴重的沮喪，就必須正視它！人的一生經歷大大小小、成因不一的沮喪情緒，沮喪不全然是不好的，它讓人每面對一次，就增加了面對的能力。有如小感冒一樣，細胞會記住入侵的病毒，偶爾有點小感冒，反而更有抵抗力。有些人平日很少生病，連感冒都無，卻往往在一場大病中就失去了生命。這種事很常聽聞，「太意外了，平常那麼健康的人啊！怎麼會……。」而沮喪也是一樣，在經歷各種不同沮喪的過程中，其實能鍛鍊我們有堅強的意志，來面對人生的風浪。

沮喪像感冒一樣有明顯的外顯症狀，患者本身尤其有明顯的感受。例如：「心理上失去秩序、伴隨傷感、憂傷、哀憐、缺乏活力、注意力難集中、煩躁感、不想思考、倦怠、喪失精力、恐懼自責、罪咎感、羞愧感、無價值感、無助感、空虛感、失去信心、悲觀、絕望、不能享受快樂的事、活得沒有趣味、失眠或過眠、食慾不佳或過度飲食。」有這些明顯症狀，當然不會沒有緣由，人不會沒有緣故就沮喪起來，事出必然有因。人生不如意十常八九，可見不如意的時候遠比如意的時候多。尤其在不順遂的時候，事情接踵而至，令人難以招架！

沮喪找上門

人生的道路，原本就不總是平坦易行，有高山有低谷，人行在其中，難免有灰心、失望、挫折的時候，這時候，沮喪就容易找上門。許多人因為自尊心的緣故，並不想向外求助，關在自己的世界裡，在那裡責備自己、怨恨自己、封閉自己，拒絕與外界溝通。因而越是倍感孤寂、灰心喪志、長吁短嘆，越容易使情緒低盪、悶悶不樂，整日無精打采，凡事提不起興趣來，找不到快樂起來的理由，生活變得懶散沒有目標。長期陷入沮喪會讓人生無可戀，覺得死了還比活著好，因而產生企圖自殺的想法。情緒的問題往往也造成心理的疾病，憂鬱症的起因，幾乎都是從沮喪的情緒開始。生命中面臨重大創傷，對於某些人、事、物的失望，造成的失落感，容易陷入更長期的沮喪。

深陷沮喪泥沼

沮喪有時像陷入泥沼裡一般，一開始還想嘗試脫離，漸漸地就失去爬出泥沼的能力與動力。對於深陷沮喪的人，安慰也很困難，一般人會要他不要想太多，要打起精神來，要多想快樂的事。但是這都於事無補，因為沮喪的人失去慾念和慾求，沒有什麼能吸引他，沒有什麼能改變他，對於一切彷彿都無所謂了！這和真正因看開而釋懷並不一樣，那不是積極面對，而是消極抵抗，抵抗一切的不如意！陷入沮喪泥沼的人，也不是真的不想脫身出來，他們也曾試圖擺脫沮喪，想從其中走出來，只是想不到不沮喪的理由，找不到不沮喪的辦法。

在那時，腦袋空空的，而且十分遲鈍，平日靈敏的感知全不見了，全被麻木給佔滿了，像失去動力的船，失去風力的帆，隨波逐流、失去方向、失去目標，不知該定睛何方，不知該定睛在何事上。其實此時也不怕風浪，覺得船翻了或許更好。洩了氣的人生，不知因何而生，不知為何而死，生命彷彿只是一場無知的來去。

沮喪攻佔我的心

我有幾次陷入沮喪的經驗，原本就是比較多愁善感的個性，在生命中遭受較大創傷時，就會無力招架。尤其是意外事故的發生，生命往往受到重擊，在不知所措的慌亂之後，沮喪的情緒就會悄悄上身。

我的堂妹意外身亡後，有幾個月的時間，我深陷在沮喪的泥沼裡出不來，堂妹那帶著苦味的笑容，經常浮現在我眼前。她生前有好一段日子，即使笑容也帶著苦，因為她正走在人生的一段苦路。我知道這段苦路的艱辛，因為我也曾走過，而我走過來了，但是她還沒能走過來，就因為車禍離世了。這個事故讓我久久無法釋懷，無數次的求問神：「為什麼？」我承認自己對神頗不諒解，也抱怨神：「主啊！怎麼可以這樣？」五十歲的健康生命，說沒了就沒了！我在她走後，經常思念她、想起她，有時甚至羨慕她，從此不必再面對人生更多的艱難。

我知道自己的心境有著顯著的變化，說不出具體的感覺，但有很深的失落感，是用言語也難以形容的複雜情緒。我仍然照常生活，照常吃喝，也照常睡眠，就是缺乏讓自己快樂起來的理由，愁眉深鎖，難展歡顏。除了堂妹離世，還陸續發生了許多事，讓我有受傷的感覺，使得我的生活越來越走樣了。因為疫情期間，大家都戴上口罩，正好遮掩我失去笑容的面容。我清楚自己不太對勁，我是內因性的憂鬱症患者，一直有服用補充血清素的藥物，沒有失眠的症狀，表示焦慮情況仍在可控範圍。二十多年的憂鬱症病史，我清楚知道這回，算不上憂鬱症復發，只是沮喪一點一點的攻佔了我的心。

失去呼求的力氣

我在經歷沮喪的那段日子，熟悉的親友有發現我的不對勁。因為我比以前少言語，悶悶不樂、沒有活力、收起笑容、食慾不佳、飲食無味，如同行屍走肉一般。我不愛出門，非必要不願出門，雖然戴著口罩，比較難以察覺我的情緒變化。我不是一個擅長掩飾的人，心境是什麼，臉上就是什麼，說話的語調也會現出端倪。我不喜歡被詢問：「怎麼了？」因為我自己也不清楚確實的理由，只知道因為連續發生了一些事，我的情緒低落到谷底，這回花了比較多的時間，爬不起來，事實上心態上也不想爬起來。深陷沮喪泥沼中，讓人越來越麻木，不清楚自己，不清楚感知，不想找別人聊自己，更不喜歡看見鏡中自己缺乏生命氣息的模樣。我封閉自己，關起心門不讓人進來。甚至失去禱告的能力，失去呼求的力氣，整個人如洩氣的皮球，怎麼也彈不起來。沮喪雖然看起來較平和，但就如溫水煮青蛙，最後連逃離的能力都沒有，其實一樣危險。

活著失去滋味

信主之後，我不再有輕生的念頭，知道那是不應該也不應有的行為，那樣的行為不討神喜悅，是遠離神，放棄神的行為。我曾經歷過很多次的生死交關之際，神都出手相救，所以知道生死都在神的手中，不是自己能決定的。那段日子禱告十分貧乏，不知道該說什麼，也不想再說什麼，覺得多說也無用了！我的禱告變得簡短，像例行公事。我承認對神有些生氣，但生氣的不明所以，我仍然相信神的安排自有祂的美意，但是在一時之間，我真的很不明白！我知道這不是好現象，但是就是不想求助，不管是人還是神，因為根本不想解決自己的問題。

我那不堪一擊的自尊心，總是偽裝堅強，覺得靠自己走出泥沼是沒有問題的，但是諸多負面情緒佔滿我的心，忿恨不平、不甘心、不願意、排斥、拒絕……等，我對自己根本無能為力。就連我最愛的閱讀也停擺，平日喜歡抄抄寫寫，覺得有意思的想法和看法，還有長久以來養成吸收《聖經》知識的習慣，通通提不起勁來。我一向喜愛詩歌，常被詩歌感動，在此時，竟然也開不了口，唱不出來。人生活著真的失去了滋味，我必須承認，就是厭世的感覺，常常羨慕死去的堂妹，不必再面對這個世界的一切。

承受沮喪的過程

在我深陷沮喪泥沼的這段日子，愛我的神一直都陪在我身邊，祂在一開始靜默不語，沒有立刻介入我的生命中，我

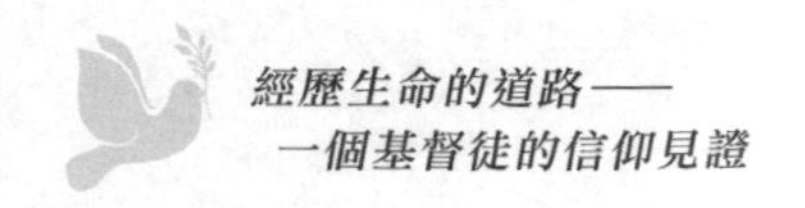

也沒有呼求神來救我，獨自默默承受這個過程。神知道喪失親人，會使人陷入低潮，那代表傷痛的真實存在，在傷痛中感覺沮喪是正常的心理反應。神容許人經歷沮喪，在沮喪中，有時感知更清楚，心境也更明白。一個人從小到大，記得最清楚的記憶，往往是心中最介意、最難以跨越的坎，在平時以為已經遺忘，其實並沒有，它只是隱藏了，並沒有消失，隱而未現，並不表示不存在了。

學習饒恕的功課

沒有人喜歡沮喪，因為那其中必然經歷了一連串的痛苦經驗，因此才會失意、失望、灰心、喪志。既然苦難能教會我們許多事，沮喪也可以，沮喪的人必然經歷沮喪的事，那和苦難一樣，苦難中看見恩典，在沮喪中也能，神能救人脫離苦難，也能救人脫離沮喪。我們在苦難中比較容易求救，因為經歷比較劇烈的痛苦，會想要快點脫離這樣的痛苦；而沮喪通常伴隨著忿怒、不平、不甘心、不平衡的心態，需要花許多時間來確認感覺。

感覺有時並不正確，需要用理性思考來釐清事實的真相，才能知道事情的原由，是因何而產生。這其中經常包含著饒恕人以及被饒恕的部分，而「饒恕」一直以來都不是容易的功課，彼此饒恕是最圓滿的結果，如果我們無法影響別人，至少應從自己先饒恕他人做起。**耶穌說：「你們饒恕人的過犯，你們的天父也必饒恕你們的過犯。你們不饒恕人的過犯，你們的天父也必不饒恕你們的過犯。」**（馬太福音六章 14-15 節）我們需要饒恕別人，因為若不饒恕，我們會讓苦毒、憤怒和不饒恕蓄積在心底，成了永久的傷害。選擇饒恕或不饒恕，對人生的意義上差別很大，不饒恕並不能挽回什麼，而經由饒恕的過程，或許有一個重新再來的機會。「放過別人也放過自己」，而最大的受益者是自己，不管他人是否也願意饒恕，但是願意的我們，就在心靈上得到完全的釋放了。

擺脫沮喪的方法

我們若是想要擺脫沮喪，重新獲得喜樂的人生，就必須學習如何饒恕並且遺忘。不斷饒恕，需要成為我們的生活方式，遺忘不愉快，只留下愉快的記憶是一種選擇。很多老年人在年老時，叨念的全是一生中不愉快的記憶。有智慧的人，只留下愉快的記憶，不愉快的記憶，總讓它快快忘記，而且忘得徹底，不留下一絲不愉快在心中。那麼在人生終點時回望過去，就全是甜美的回憶。

一個人究竟要帶著甜美的回憶過一生，還是帶著苦澀的回憶過一生，全視「饒恕」這門功課做得如何！我們要人生

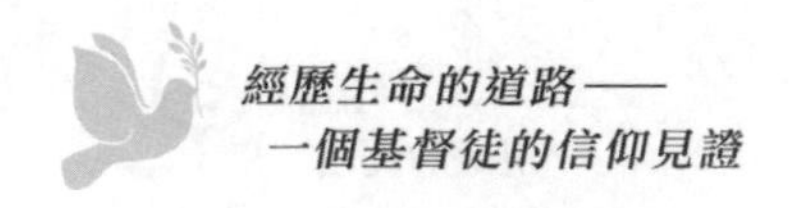

充滿喜樂還是充滿苦痛，都是個人的決定，誰也幫不上忙，因為日子是自己在過，誰也替代不了。坦白說：「饒恕是一件十分困難的事」，尤其是對於曾經傷害我們的人，在感情上不容易做到。饒恕超越人的情感和情緒，「原諒」一個人尚且不容易，更何況是徹底「饒恕」一個人，就此全然勾銷之前的恩恩怨怨。在這個部分，在信仰的幫助下，就會容易許多。

有一回，神要我向某人道歉，祂對我說：「在對的時間做對的事，才會是對的。」顯然是我在處理事情上太心急了，主認為不是對的！只要是神的話語，我一定會遵行，按著主的話語去做，因為我知道，主要我去做的，一定是正確的，且是對我有益處的。

解鈴還得繫鈴人

人生在世，難免傷害人或被傷害，這些帶著忿恨的情緒，經常結下的是一輩子的心結，從此老死不相往來，且打從心裡的完全不饒恕對方、怨恨對方、咒詛對方，直到世界的末了，我們身邊這樣的例子比比皆是。至於是留下過往的不愉快，或是放下過往的不愉快，往往在於我們的選擇，要選擇讓自己釋懷度日，還是讓怨恨纏累終身。選擇在自己本身，他人無能為力，再多的勸說，也解不開心結，「解鈴還得繫鈴人啊！」同樣的，沮喪的情緒也是這樣，當一個人深陷沮喪泥沼裡，無法脫身的時候，會漸漸失去爬出泥沼的能力和勇氣。一個人會陷入沮喪的情緒，必然有直接與間接的關係，有遠些或近些的成因，當事情接二連三到來，就會產生無比的疲憊感。看似改變不了的情況，卻是一件接一件，一樁接一樁，將耐性消磨殆盡，所以選擇沮喪度日，躲在沮喪情緒裡，根本不想出來面對現實的生活問題。

脫離沮喪的泥沼

在我陷入連續沮喪的這段日子，我和人之間的話語少了，但是並沒有停止與神的對話。看起來像是喃喃自語，其實我是說給神聽的，而祂也一直在傾聽，祂深深理解我的苦楚。我在神的愛中，感受到：「被尊重、被信任、被理解、被接納、被肯定。」在人身上不一定能感受到這些，但是與主同在的親密關係中，我擁有了這一切。神在這段日子裡，仍然不斷的有話語給我。例如：「他沒有權利傷害你，你沒有義務被傷害。」「心軟也是病（毛病）！」「人生遇到風暴，勝過風暴最好的方法是迎向它。」「人生不一定要輝煌，但是一定不要徬徨。」「說的話會傷人，那不如不說的好。」「讓生活保持正常，該幹什麼幹什麼！」最後這句話像是當頭棒喝！我從沮喪泥沼中被拉拔出來了。是的，我不該繼續這樣下去，該幹什麼幹什麼！我是母親的女兒、丈夫的妻子、兒子的媽媽，雖然他們都是讓我沮喪的來源。

我確實該讓生活保持正常，已經失序太久了！神應該也是看不下去了吧！我就像賭氣賴在天父爸爸身邊的女兒，而天父爸爸催促著我，躲得了一時，躲不了一輩子，而神幫助我度過這一切。從那日起，我真的打起精神來過日子，沮喪竟在一夕之間，消失的無影無蹤，是被神趕走了吧！我總是願意聽神的話，我知道神不會讓我獨自面對問題。

神願意介入我們的生命中，個人意願也很重要，被救的人也要有被救的意願，否則一切仍是徒勞。神是很有耐心的，祂知道在什麼時候最適合。當我願意這樣屈膝求告神：「主啊！我已經做好了決定，饒恕人不會只饒恕一部分，免人的債也不會只免一部分，在離開這個世界之時，我不要有任何的遺憾！我相信一切發生的事情，必有祢的美意在其中，放下就是全然的放下，而不只是放下一部分。把過往的不愉快留在心中，是愚昧人的行為，主啊！求祢幫助我遠離沮喪！」因此神回應我：「讓生活保持正常，該幹什麼幹什麼！」而我就此脫離沮喪的泥沼。

向耶穌求醫治

耶穌在世時行了很多醫治的神蹟，大部分被醫治者，都是主動求醫治，除非他不知道耶穌是誰？在畢士大的池子旁，有許多病人在等著下水治病。「**在那裡有一個人病了三十八年。耶穌看見他躺著，知道他病了許久，就問他說：『你要痊癒嗎？』病人回答說：『先生，水動的時候，沒有人把我放在池水裡，我正去的時候，就有別人比我先下去。』耶穌對他說：『起來，拿你的褥子走吧！』那人立刻痊癒，就拿起褥子來走了。**」（約翰福音五章 5-9 節）耶穌憐憫每個承受病痛折磨的人。耶穌能醫治各種的疑難雜症，包括讓死人復活。我們知道在人不能的，在神凡事都能。「人的話可以安慰人，但是惟有神的話能醫治人。」求神醫治當對神有信心，耶穌說：「你的信救了你！」醫治不是只因需要醫治而產生，它更需要信心來運行，信靠主的信心使人得醫治。

每一個重大事件的發生，都有神要講的話，得醫治是為了見證神。我們和神之間，不只是信仰而是關係，和神的關係越親密，就越容易蒙拯救。醫治有時不是立刻得醫治，有時需要等候，在極大的困境中將眼目轉向神。求神的憐憫，這是神的權柄，主權在神，有人蒙醫治，有人卻是沒有，這是惟有神才知曉的奧祕，而我們只能禱告、祈求、仰望神醫治的大能降臨。

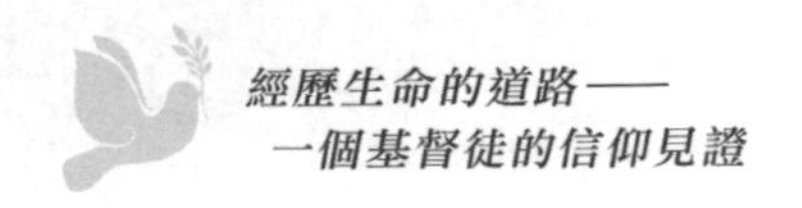

祈求神的醫治

有一位熟識的教友，她的外孫女才十二歲，被診斷罹患原發性腹膜癌，這是很罕見的癌症，也是十分棘手的癌症，因為腫瘤生長的速度十分快速，當腫瘤壓迫到其他臟器，產生不適感時，腫瘤已經長得很大了。一般治療方式都會先進行化療，縮小腫瘤再進行開刀手術摘除。小女孩因腫瘤太大，壓迫到其他器官，而造成嚴重食慾不振、體重過輕，必須留院觀察等待化療。我在知道這個訊息時，小女孩已經住院一個多月了。我為她迫切禱告求神醫治，隔日清晨，神的意念進來：「漸入佳境」。我就將這個訊息告知她的外婆，並持續為她代禱。

再次獲知小女孩的訊息，她已經住院三個多月了，歷經三次的化療，腫瘤沒有縮小，仍然快速長大，已經嚴重壓迫更多的器官。因為狀況十分危急，因此緊急進行手術切除腫瘤，切除的腫瘤十分巨大。身體十分虛弱的小女孩，正使用葉克膜進入第八天。在此生命交關的時刻，我再次為小女孩迫切禱告。在方言禱告的過程，我淚流滿面，語氣是哀哀求告，我知道那不是我，是聖靈在哭泣代禱，因為我的腦海裡沒有悲傷的感覺，只是冷靜的觀察這一切。我閉著眼睛跪伏在床上禱告，耳朵仔細聽著方言禱告的情緒變化，哭泣了一段時間之後，語氣開始平復，不急不徐的繼續述說，直到言語停止。

方言禱告最奇妙的地方，就是隨時可以進行方言禱告，話語非常流利順暢，且滔滔不絕，直到感覺結束就停止了。在臨睡前我和阿爸天父閒聊，我忍不住好奇問：「小女孩會怎樣？」我知道主權在神，禱告交託後，只能耐心等候神的作為，至於神會不會回應我的詢問，我也不知道。「神的奧祕」是指祂只會讓我知道，祂願意讓我知道的部分，不見得每次都有答覆。這回神在第二日清晨的異象中，我看見一具仰臥的大身體，身上有許多小小人在上面忙來忙去，我的直覺是天使在小女孩身上動工了。小女孩在經歷這場生命交關的大手術之後，身體正在恢復當中，我相信她定會如神所應許的：「漸入佳境」。

當一切看來似乎並不樂觀，在此時，除了迫切禱告仰望神，並沒有其他的辦法，神不能改變過去，但是祂能夠改變未來。基督徒在面臨一些無法處理的問題時，經常會請求他人代禱，代禱是大有功效的，神喜悅他的子女，不止為自己，也能為別人做些事，盡點心力。祂喜歡看見我們互相幫助，彼此相愛，同心合一的為一件事而努力。

不要離神太遠

有一回，我的妹妹得了帶狀皰疹，一開始只是感覺身體半側的一部分有麻木感，她以為自己快中風了。因為感覺真的很怪，尤其是晚上睡覺時不能受壓迫，特別不舒服，因此她請我為她禱告。我在禱告中看見一個異象，一隻母雞呼叫牠的小雞，快點躲到牠的翅膀蔭下，因為空中有老鷹在盤旋，有一隻小雞似乎離母雞有些遠，在危急時，牠需要更快速，才能躲到母雞的羽翼下。我的意念是：「母雞的羽翼，就是神的羽翼，老鷹就是那惡者。緊緊跟隨神的人，容易即時躲到神的羽翼下，而離神太遠，可能來不及躲到神的羽翼下。」神總是願意蔭庇我們，靠神越近越能得到神的保護，緊緊跟隨是不二法門。妹妹事後告訴我，她一定是有躲進來了。她即時就診，小紅疹正冒出來，服用了抗皰疹病毒的口服藥，醫生說：「初期就診，藥吃一吃就沒事了，拖得越久，越是難治，而且要承受很大的痛苦。」只要長過水痘的人，病毒就會潛藏在身體裡伺機而動，一般是會出現有水泡的紅疹。妹妹腿麻的症狀容易被誤疹，幸而即時發現。我笑她果然很機伶也跑得很快，重點是沒有離神太遠。

尋求神的安慰

耶穌是全能的醫治者，不只能醫治我們的身體，也能醫治我們的心靈，讓我們的靈、魂、體都健壯起來。人吃五穀雜糧，沒有不生病的，人是血肉之軀，有七情六慾，難免情緒波動，會生氣、會哭泣，有時才一下子就大動肝火。生氣不是罪（除非因生氣而犯罪），但是當我們在生氣的情緒中，容易被情緒牽著走，這時，不要說很想說的話，也不要做很想做的事，因為那一定會招致問題。人遇到不公不義的事，就會很憤慨，理由雖然正當，但我們仍然要相信：「神會替我們伸冤、辯屈。」靠自己的力量，往往只是更增添痛苦而已。怒氣是一種情緒，常常伴隨著不高興、憤恨、敵意、惱怒和報復的感覺。我們常常藉著怒氣，表達對人生的不滿，我們並不是要努力除掉怒氣，而是要學習如何處理它。《聖經》教導：「**生氣卻不要犯罪，不可含怒到日落。**」（以弗所書四章26節）怒氣使我們心情低落，傷心又傷身。

克服生氣的方式之一，就是對自己說話，我們可以說得讓自己生起氣來，也可以說得讓自己不生氣。當事情發生時，先讓自己暫時離開那件令我們生氣的事，然後換個角度對自己說話。在生氣時禱告，也有平靜怒氣的效果，而尋求神的安慰也很有果效，神曾對我說：「人越是對你不好，神越是會對你好，你明白嗎？」從此，我再也不在意人怎麼說、怎麼想，人可以都不理解我，只要神理解我就行了。將目光定睛在神身上，就不會太注意人怎麼看我。人最看不清的往往就是自己，我們往往需要靠別人來了解自己，很多時候我們以為的自己，其實是別人告訴我們的。所以我們的價值觀，往往建立在別人的看法上面。但是人的看法往往並不

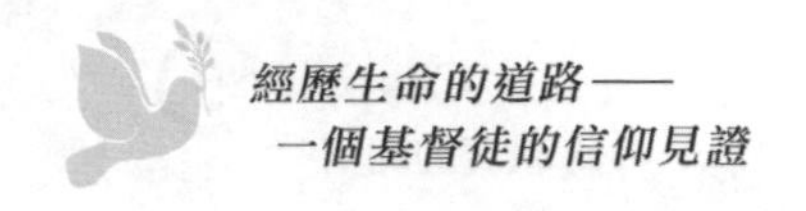

夠正確，因此尋求完全正確的神，才能真正了解自己，神總是比我們更了解我們。不認識神的人，無法領會神的好。神的拯救是帶領我度過一切困難，「救」這個字，不是帶領我擺脫，而是帶領我度過。擺脫可能再來，度過就跨越了！

喜樂與平安

人在沮喪中全然失去喜樂，擁有喜樂，不是一種感覺，而是一種決定，決定跟隨神過喜樂的生活，或是隨從自己的感覺活在沮喪裡。人生路途並非全都平坦順利，總有高低起伏，總會有許多出乎意料之外的事，以及不少難關。我們必須相信神、信賴神、倚靠神，若是一直把事情抓在手中，想靠自己解決，這樣神就不會動工，我在沮喪初期就是這樣，直到後期，我願意呼求祂的拯救。神總尊重我們的決定，所以惟有我們全心倚靠祂時，祂才會動工。將我們的憂慮交給神，然後放手倚靠神，相信神必會成就一切。神保守一切，當我們多次經歷痛苦而安然度過，可以有把握，靠著神加給的力量面對困境。當我們通過試煉，就會看到神將那些經驗，化為美好的祝福，使我們得益處。

我們必須把引導權交給聖靈，才能來到神的面前。《聖經》說：「人非有信，就不能討神喜悅。」全然信靠的信心，是基督徒的靈命能否更進一步的關鍵，神能影響我們人生走向，惟有仰靠神，我們才可以承受得住，我們需要忍受的任何事。在環境不佳時也可以喜樂，在環境順遂時，也能保持謙卑。求神保守我們的「喜樂」與「平安」，沒有人能在不平安中有喜樂，沒有喜樂的平安也不是真平安。

心裡的牢籠

我們只是人，擁有相同的人性弱點，「愛比較」、「好爭競」、「善嫉妒」、「會貪戀」，常常覺得別人所擁有的，都比自己所擁有的好，而這些都會使我們不滿足。不知足的人，對人生往往不滿意，覺得自己應該得到更好的，受到更好的對待，因此常常會將不滿意表現出來，經常抱怨生氣，不但讓自己日子難過，身旁周圍的人也不好受。當我們全然倚靠神，就要停止尋找不滿意的理由。「知足常樂」是真理，惟有知足才能常樂。我們依靠神活出在任何景況下，都可以知足。「**我知道怎樣處卑賤，也知道怎樣處豐富，或飽足或飢餓；或有餘或缺乏，隨事隨在都得了祕訣。**」（腓立比書四章 12 節）我們要相信有神同在，即使諸事不順，環境不利時，仍能心滿意足，因為神會賜給我們面對任何困難的能力，「知足」就是滿意安於所處的環境。

我們很容易為無法改變的事實而難過，因為我們無法控制，所以才會難過。但重點是，所有的事，除了神之外，誰

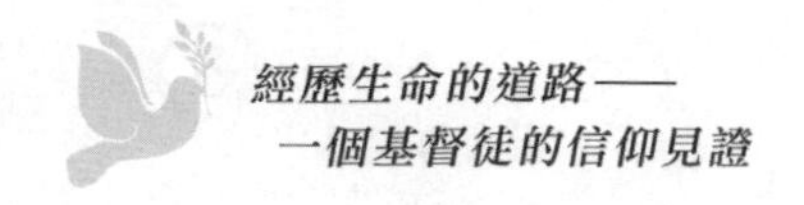

也改變不了。常保喜樂的方法，就是不要小題大作，讓該過去的過去，不要一直計較過去的事，不肯放手，那是心裡的牢籠。在我們認識耶穌之時，祂已經為我們打開監牢的門，但是有些監牢的門已被打開好多年，卻仍有很多基督徒坐在牢裡，因為他們沒有看見門是開的，仍未了解自己在耶穌基督裡，已經獲得了自由，千萬別作這種囚犯。神的道是打開牢門的鑰匙，無論是被關在哪個監牢裡，都有鑰匙可以打開。所以不要再沉溺於罪咎感和定罪感之中，不要再用神已經赦免的事情來折磨自己。獲得神的恩典，只要心存感激，常懷感恩的心即可，這就是報答神的方式。神喜悅祂的子女，凡事喜樂。神要抹去我們的眼淚，看著我們破涕為笑，重展歡顏。當我們下定決心，不容逆境主宰我們的情緒、感情和態度，心中的喜樂就能被釋放出來。

不良的生活型態

沮喪就如感冒一般，總是去了又來，並不會終身免疫。每一個人的一生都要接受各種試煉和試探，窮人經歷的環境試煉比較多，而富人經歷環境的試探比較多。窮人和富人同樣經歷沮喪，富裕的生活並不能讓人擺脫沮喪，它是每個人都會面臨，且需要克服的問題。非常奇怪的現象，貧窮的環境，為了三餐溫飽費盡心思，求生存是人的原始慾望，因而在難以溫飽的年代，人反而有更強的求生意志；而越富裕的社會，產生越多沮喪和憂鬱症人口。生命的歷程中，喪失所愛，無法避免沮喪；經濟壓力，無法避免沮喪；活得沒有存在感，更是無法避免沮喪。沮喪似乎如影隨形，而長期間的沮喪，是會致命的，輕忽不得，它不只是情緒的問題，也是心理的問題，心理影響生理，因此是整個人都生了病。

我們必須承認，現今的工業社會生活型態，比以往農業社會生活型態更為不良。農業社會講求大自然的規律，按節氣來運行，日出而作，日落而息，生活有一定的節奏和規律，雖然需要靠天氣吃飯，但是人們敬畏大自然，敬畏天（神）的安排，活得比較認命也比較謙卑。而工業社會有24小時的照明設備，工廠機器 24 小時不停運作，連辦公室也是 24 小時都有人持續工作，三班制的輪班工作形態，正改變著人的生活形態。人們不再按照自然規律飲食，也不再按照自然規律睡眠，不健康的生活型態，以葬送健康作為代價。

資本主義社會，產業競爭激烈，人們被要求更高的效率和更好的業績，不進則退的隱形壓力，鞭策著每個人。現今世界人們追逐金錢，也換得更多的沮喪。輪班工作干擾人體的晝夜節律，紊亂的晝夜節奏，往往增加罹患心血管疾病，認知功能受損、糖尿病和肥胖症等，都是導致健康問題的危險因子。除了健康問題之外，輪班工作制度下的作息時間，容易造成與家人、朋友的關係疏離，影響人際關係，因此也

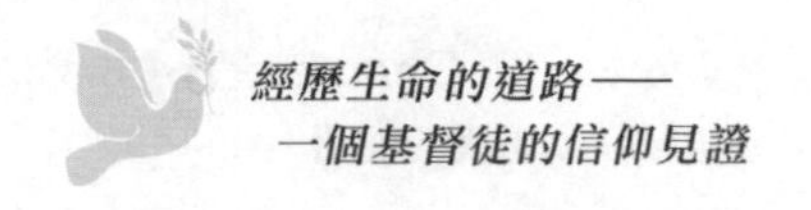

會對婚姻、家庭和人際關係造成壓力。壓力造成沮喪，身處充滿壓力的世代，早已進入惡性循環。

賺得金錢失去健康

身處這個世界，追逐金錢是全人類的共同目標，金錢不再只是用來交易所需用的東西，金融還能成為遊戲。買空賣空的期貨、虛擬貨幣，「空」都能買賣，人類以為自己無所不能。任何遊戲，只要有人參與，並開始競爭追逐，就可以成立。人們追逐更多的夢想和幻影，卻真的能使自己身敗名裂。遊戲或許是虛擬的，但是損失荷包裡的金錢卻是真的。現今世界確實複雜、精彩，人們以此為傲，只要有錢，沒有什麼做不到的，也沒有什麼不能做的。很多資本家比以往更驕傲、貪婪，認為沒有什麼是有錢辦不到的，只要砸下重金，一切就能心想事成。只是別忘了蘋果創辦人賈伯斯，他的巨額財富，換不回他的健康。很多創辦人以超時工作，力求企業的快速發展，結果賺了金錢，失去了健康。不只企業主如此，員工也是這樣，賣命為工作，得到的是日漸不良的健康狀況，這是一個難以回頭的畸型社會型態。當「文明病」日漸增多，「文明」因何會產生疾病？才是更需要深思的問題。

反樸歸真的生活

複雜的工業社會，真的比單純的農業社會好嗎？人活得更好了嗎？現代人要花更多時間去面對沮喪、克服沮喪、脫離沮喪。活在複雜的現今世界，要想過簡單的生活並不容易，因為社會的運作方式並不簡單，有時複雜的令人苦惱。**耶穌說：「清心的人有福了，他們必得見神。」**（馬太福音五章 8 節）「清心」是指「純潔」，心裡好像澄清的水一樣，沒有雜質非常清澈，單純的心沒有詭詐和虛偽的動機。「清心」是對神的單純，單單注視神，而不是身處的世界。「世界」是複雜而混濁的，因為越多的擾動，就越混濁，越多思慮就越混亂。「水清無魚，也無法混水摸魚。」清潔的心，魔鬼也難以作為，所以不願靠近此人，因此擁有清潔的心，也能擁有正直的靈，就能不跟隨世界，脫離世界的轄制。只有「反樸歸真」，才能過簡樸的生活，過單純的人生。單純的信靠神，不需要多思慮，想也沒有用的事，就不用多想。人生有時花太多心思在徒勞和枉然的事情上，看不清事實的真相。人往往追求對於人生不一定有助益的事物，到頭來才領悟，原來是「竹籃打水」一場空啊！

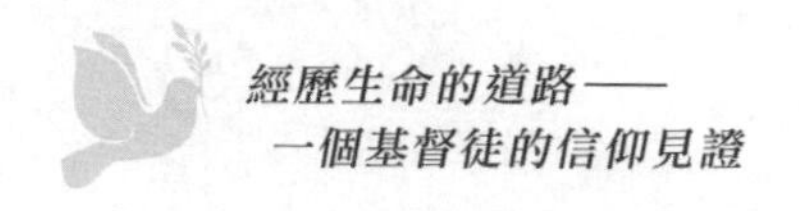

人生真正的益處

人生就是一個不斷作出選擇的過程，選擇世界或是選擇神。當我決心跟隨主到底，就不斷在割捨、拋棄屬這世界的東西，因為在人生的盡頭，我們一樣也不能帶走，而神的國裡，並不需要這些迷惑人的東西。屬靈的原則是：「屬撒但的歸撒但，屬神的歸神。」人往往積習難改，且改變並不容易。主曾提醒我：「洗淨的豬，又回到泥地上滾，一樣是沒有用的。」如果只願當豬，回到泥地上滾是牠的本性，無法改變的本性，不願改變的本性，都是沒有用的，一輩子都會在原地打轉，沒有前進的可能。不前進如何能跟上神的步伐？「裝睡的叫不醒，何況是根本不想醒的人。」這是連神也無能為力的人。改變是我們的意願也是決心，當我們願意順從聖靈的引領，就會改變我們對事物的喜愛和渴望，能夠使我們對神的愛，勝過於我們對世界的愛。

誠實面對自己

這世界上的事物吸引我們，但同時也危害我們。神改變我們看待生命中事物的優先順序，知道什麼才是人生真正的益處。我們的態度、行為、習慣、恐懼、軟弱、回應的方式，都是長期形成的，所以改變是需要時間的，任何持久的改變，必須從內心開始，而那是聖靈的工作。除非我們誠實面對，並承認自己的缺點、罪過、軟弱以及錯誤，否則聖靈不會在我們身上動工。除非我們真心把自己交給神，祂能分辨我們是真心還是假意，神只要我們用真實的心靈敬拜祂，否則敬拜也是枉然。主與我們的關係是交心的朋友，因此當我們內心有害怕、憤慨、內疚、生氣、孤單、憂慮的時候，這時需要做的，就是把所有的感受都向主傾吐。不能向人說的，可以盡情向主訴說，主不但會傾聽我們的心聲，也會用祂的方式安慰、勸勉我們，而祂的方式一定是最巧妙，而且是最好的。

體會神的愛

在我經歷沮喪的這段日子，我深深地體會神的愛。因為神愛我，即使祂只是默默陪伴我，也能感覺祂的同在。因為神愛我，祂用祂的方式救拔我。因為神愛我，相信祂必然伴我安然度過。而在這其中，祂要我經歷並學習人生的功課。「同理心」源自於有過類似的人生經歷，進而能彼此安慰、相互扶持，這是沒有相同際遇的人，比較難以體會的部分。當我走過沮喪的泥沼，更能深深體悟，人的生命中是多麼需要神的幫助。**耶穌說：「我將這些事告訴你們，是要叫你們在我裡面有平安。在世上你們有苦難，但你們可以放心，我**

已經勝了世界。」（約翰福音十六章33節）

人生中最大的困難，在於總是面對同樣的狀況及同樣的事，這不僅令人沮喪也使人疲乏，當人生中經常遭遇這樣的事，屢屢的挫折，容易使人軟弱而不想站立起來，我靠著耶穌來勝過這一切，在生命中的任何困難，都能靠主得勝！沮喪可能周而復始，去了又來，但是我已經找到對付它的祕訣，就是求告神，幫助我度過，並在我深陷其中時，拉拔我脫離沮喪的泥沼！因為在人不能的，在神凡事都能！

第 6 篇

善 終

人生即使擁有了一切，死亡仍無法可免，「死亡」一直是大家不想面對，又必須面對的人生課題。隨著醫療科技的不斷進步，延緩死亡的方法也不斷推陳出新，然而這些新的方法與科技所帶來的生命延伸，究竟是旁人的期待，還是我們自身的意願使然？當因重病而瀕臨生命的盡頭，死亡已無法避免時，大部分的病人和家屬都期望病人，可以有尊嚴度過人生的最後歷程，達到「善終」。

生命的律動

「春、夏、秋、冬是自然的律，生、老、病、死是生命的律。」有開始必然有結束，沒有不結束的旅程，也沒有不結束的生命。人們大都期待長壽，長壽代表著福氣，短壽代表著福薄，尤其是有錢又有勢的人，更是期待福壽雙全。人生即使擁有了一切，死亡仍無法可免，「死亡」一直是大家不想面對，又必須面對的人生課題。而「善終」是全世界醫療都在學習的功課，怎麼讓專業醫療人員、家屬、患者自己獲得共識，當生命終點就在眼前，無論那時還有沒有意識，我們期待獲得什麼樣的照護？怎樣度過最後一段時間。

隨著醫療科技的不斷進步，延緩死亡的方法也不斷推陳出新，然而這些新的方法與科技所帶來的生命延伸，究竟是旁人的期待，還是我們自身的意願使然？務必切記：「醫生是人不是神。無法準確預估人的壽命。」而我們必須體認：「病人才是在受痛苦的那個人，到底他要的是什麼？」當因重病而瀕臨生命的盡頭，死亡已無法避免時，大部分的病人和家屬都期望病人，可以有尊嚴度過人生的最後歷程，達到「善終」。

善終是指好的死亡或沒有痛苦的死亡，或減少痛苦的死亡。越來越多人認同：「有時要視情況放手，讓病人順其自然的死亡。」但也有少數人堅持：「不管怎樣，醫生應該用盡所有方法來救病人的生命。」越是有權有錢的子女，經常越是那個放不下的人，而通常旁人也不敢勸他要放下，因為錢能改變許多事，甚至能換得「生命的延續！」因此，親人往往必須被折騰到最後一刻。另外有錢人難以善終，還有晚輩為了爭產，處理遺產、權力交接，而必須讓親人繼續承受臨終前的折騰，盡量延長生命的氣息。

思考離開方式

出生的時候，我們無法決定，用什麼方式來到這個世界。如果可以，我們是否可以讓自己，比較不痛苦的離開這個世界，用我們比較希望的方式離開。我們都必須認真思考，總有來臨的這一刻，生命歷程難以預料，在沒有預期中，死亡就漸漸臨近，有時瞬間就往生，有時需要一段時日。現代人罹癌人數越來越多，罹患三高（高血壓、高血糖、高血脂）的比例也日趨增加，去年至今年的新冠肺炎疫情，病毒存在已經快成常態。「死亡」有時很遠，有時又靠得很近，人世的無常往往令人手足無措，不知如何因應。我們不該不去想那麼多，而將決定權交給家人，讓家人在經歷心力交瘁的過程中，還要在生死交關時倍受煎熬。身體是自己的，在有能力決定時，應該為自己盡最後的責任。

「臨終前的放下，是為心愛的人多想一點。」但有時是家人無法放下，無法割捨即將失去的關係，捨不得所愛的人離開，這是人生最困難的一部分。我們身邊有很多這樣的例子。我認識的兩位長輩，都因滑倒造成嚴重顱內出血，有一位經開刀手術搶救，仍然宣告不治身亡；而另一位長輩，雖然生前有簽放棄急救同意書，但是突然的事故，讓家屬萬分不捨，難以做出放棄的決定，經過多次搶救，仍然呈現植物人狀態，至今仍在盼望能夠甦醒。對於昏迷不醒的高齡長者，是不是還要堅持救到最後，是一個需要深思的問題。被救治的患者年齡，是必須考量的因素，我們不能否認，老年人的一切狀況正在走下坡，躺得越久，肢體越僵硬，即使清醒過來，要恢復到原來的模樣，幾乎已無可能。經過氣切之後，雖然仍有呼吸心跳，使用鼻胃管灌食，也能繼續存活，會有一具能看得見、摸得著的軀體，但是已無法相互傳遞感知。每個人都以不同的方式離開這個世界，可能走得很快，可能拖得很長。

無法預期的人生

當一個人無法自主表達意願，為了避免醫療糾紛，即使病人生前已經簽署放棄急救同意書，除非家屬能達成共識，否則醫生的立場也只能持續救。「怎麼樣才算是真正活著？」是需要認真看待的問題。同樣是昏迷指數只有 3 分的患者，有一位年輕教友，因為車禍傷勢嚴重，在經歷搶救之後，狀況逐漸好轉，後來清醒過來，經過復健，已經恢復到能夠跑跳的程度；我的先生在十五年前也因意外從高處墜落，顱內大量出血，送醫時昏迷指數 3 分，經歷四十二天昏迷後清醒，經過長期復健，仍造成中度肢體障礙的殘疾，在拙著《祈盼人生是個圓》有詳細記錄這一段艱難的過程。

一個不能預期的事件發生，對於病人本身和家屬必然承受巨大的痛苦，尤其是人生中第一次遭遇到這樣的事，面對各種意見，各種不同的預後說法，盼望中有憂慮，憂慮中希望能有盼望。當人生中遭遇到最不願意的景況，且要作出最不容易的抉擇，而這一個決定，可能影響病人和家屬的日後生活。但事發緊急，有時並無法有充裕時間思考，搶救生命如同作戰，生命稍縱即逝。搶救生命是在第一刻作出決定，而恢復生命徵兆之後的後續，才是考驗的開始。再有經驗的醫生，也無法告知，腦部受重創患者的預後會如何，大腦是多麼精密的結構，是下全身指令的總指揮，大腦受損的患者，較難恢復到未出事前的樣貌，要有「回來的人不是原來的人」的心理準備。

減少無效醫療

這些年來，不斷經歷身邊親人的離世，深深體會「善終」是多麼重要的人生課題。善終往往不僅是自己的事，想要達成善終的目標，需要自己、醫療團隊、家人三方合作才能達成。為了避免當事人多受痛苦，應當減少無效醫療的使用。目前在全世界很多國家，為了把醫療資源留給更有救治機會的患者，住在加護病房的患者，如果確認病情無法控制，死亡已無法避免，醫師會召開家庭會議，取得家屬共識，然後撤除呼吸器、洗腎機等設備。因為無效醫療難以善終，只是延長了受苦的時間而已。這個部分，在陪伴媽媽的臨終過程，有了深刻的體悟。

奉養父母到終老

我的媽媽去年過世了！媽媽和爸爸的離世相距三年多的時間，他們倆相差三歲，先後都在八十歲過世。媽媽患有失智症，每次問她爸爸走了多久？她總是一臉茫然，然後回答：「三年」。後來發現原來這個固定答案，是因為她和爸爸相差三歲！媽媽在爸爸過世之後，少了掛心的對象，失智的情況退化很快。她的心智年齡越來越小，像個幼稚園小朋友，經常胡亂吵鬧，在很多事情上都令人頭痛。雖然奉養父母到終老，是為人子女的責任也是義務，但這顯然是一件超級任務，也是一段十分不容易的過程，需要更多的蒙神祝福與保守。我的爸爸和媽媽個性大不同，爸爸臥床多年，比較願意配合照顧者，比較好照顧；而媽媽仍有行動力，但因脊柱嚴重側彎，走路不穩，需要攙扶，失智症加上原有個性，照顧上十分不易。她不喜歡聽話，愛唱反調，每件事都要有耐心和她磨很久，才會就範。就在我們焦頭爛額、手足無措之際。感謝主！差來了媽媽的守護天使。

媽媽的守護天使

媽媽的天使，是一位有豐富看護經驗的能手，她有十多年豐富的看護經驗，也曾經照顧過失智症的患者，知道如何照顧才能得心應手。她說：「作息一定要保持正常規律，失智症患者作息一旦混亂，就會如幼兒一般胡亂吵鬧、亂發脾氣，分不清白天夜晚，造成照顧上的困難，對病人沒有益處。」這位外籍看護，真的是我們同心合一禱告多時，盼來的幫助者。她十分努力地改善媽媽的現況，對媽媽的飲食和作息調整，十分的用心。坦白說，照顧媽媽真是一件不容易的差事，不是一般人所能勝任。因為媽媽除失智症狀，還有幾十年的強迫症，強迫思想、強迫行為、強迫性格，每一樣都具備，她一直以來都有服用藥物，但效果不佳。

媽媽的天使接手照顧媽媽的時候，媽媽的體重才三十公斤左右，一直就是體型偏瘦的她，在爸爸過世後，有一段時間，咳得十分厲害，缺乏食慾的她，只靠流質食物來維持生命，醫生甚至多次提及使用鼻胃管來灌食，但是遭到媽媽的拒絕。那時我幫媽媽洗澡，就是只剩下一具骨架包裹著皮膚的軀殼，連肚皮都是內縮的。我們為此都十分擔心，這樣羸弱的身體能撐多久？在那時，牧師為媽媽禱告，總要為她的體重加油打氣：「劉媽媽，你要有信心，要向神宣告，會有四十五公斤。」在當時我們都覺得那是遙不可及的夢，體重過輕者，有比較高的致死率，這點我們都很清楚。

媽媽的天使十分聰明伶俐，作事十分有技巧、有方法、有條不紊，也很有耐心和媽媽磨。媽媽是位「不配合女士」、「愛生氣女士」、「愛挑剔女士」，常為小事生氣是她的日常，動不動就賴在床上不肯起來，而天使有她的方法，總能讓媽媽維持正常飲食和作息。三年來，媽媽的體重已經由三十公斤增加到五十公斤，原來S號都嫌大的衣服，已經需要換成L號了！當年牧師宣告的四十五公斤，已經達標，甚至超過了。在聘約即將屆滿，媽媽的天使和同樣來台工作的丈夫，決定在約滿之後返鄉。全球疫情嚴重，他們不放心家人和八歲大的長子，且計劃回鄉後再生育孩子，她已是高齡產婦。我們都非常不捨她的離去，這三年來，我們和她相處愉快，合作無間，才能搞定媽媽。沒有她的日子，真是令人無法想像，我們知道很難再找到，像她這樣的幫助者。

自從獲知她將離開的訊息，我們姊妹為此心情沉重，也傷透腦筋。身為基督徒，除了仰望神，真的沒有其他方法。

我們為媽媽重新申請一位看護工，但是因為疫情關係，看顧工極有可能無法如期到來。媽媽失症的情況，當然比起三年前更為嚴重，各種能力都在持續消失中，因為媽媽的天使有很好的語言能力，平日會用很多語言和媽媽對話，不厭其煩一再重複地和媽媽慢慢磨。媽媽自從語言能力變差之後，肢體動作就變多了，說不清時就會動手要打人。我們知道更換照顧者的難度，因為非常的清楚，所以心中十分苦惱，不知接下來的日子要怎麼辦？但那也是必須面對的事啊！除了禱告還是禱告！

媽媽離世的預告

事情實在很玄妙，媽媽突然一直吵著要回老家，因為她一旦出門作息打亂，就會很難照顧，所以就比較少帶她出門。實在是吵得沒辦法了，只好帶她回去老家看一看，了卻心願，畢竟那是度過大半生時光的地方，有最多熟悉的人和熟悉的事物。那一日，媽媽很開心，精神也很好，熟悉的鄰居、親友，聽聞她回來，都來家裡看她，停留時間雖然不久，卻是很難得的歡聚。

就在媽媽回老家的前兩週，我一連夢到好多次，媽媽、爸爸和我同在老家的房子裡，我們各做各的，有如往常一般，是生活的日常片段，彼此沒有交談。這個夢境在兩週內重複了三、四次，我覺得有些奇怪，但是沒有多想，只是爸爸、媽媽同時出現在我夢境中，實在非常少見。爸爸過世三年多了，我已經很久沒有夢見他，在這幾次的夢境中，都只是很短暫的畫面，我沒有察覺爸爸已經過世，爸爸、媽媽和我都是比較年輕的模樣，夢中場景就是一個生活的日常啊！

媽媽在返回老家回來之後，感覺比較疲累，就讓她多休息，睡眠時間變多了，感覺精神比較差，喜歡臥床休息。過了兩三日，妹妹為媽媽禱告時，觸及她的額頭，發現有些輕微發燒，當晚就送她至急診就醫。測量體溫 37.6 度只是微燒，但是肺部X光片已是瀰漫性肺炎，她沒有咳嗽的症狀，只是比較疲倦愛睡覺而已，以為休息幾天，體力就會恢復，沒有料到會這樣。

醫生說老人肺炎，不一定有典型症狀，所以不易察覺，但致死率高。媽媽就此住院進行為期一週的抗生素治療，在治療的頭幾日有譫妄的情形，一直講話不睡覺，一直說某某熟悉的人在走廊說話，為什麼沒有進來看她，這是她以前住院時沒有過的現象。媽媽的心肺功能皆不佳，她有心臟病，心跳一直比常人快，因此心室肥大，肺部也有纖維化的情形。這些問題早已存在，在媽媽的天使細心照顧下，媽媽這三年來，只有三個月定期回診，拿慢性處方箋，按時服藥而已，連醫生都稱讚照顧得非常好！這真的要感謝用心的照顧者，讓媽媽少受病痛折磨，沒有在醫院進進出出。

媽媽在住院期間燒燒退退，即使發燒也只有在37.6～38.2度之間，並沒有高燒，精神狀況看起來也不錯。中秋節那日，全家人還陪伴她度過，她坐在輪椅上，仍能夠說話，也還能吃稀飯，並渴望著快點回家。媽媽住院將滿一週，大家都認為她會順利出院，因此我在週一向她道別，先行北返。不料週二清晨就被電話驚醒，「媽媽狀況不好，準備回來！」我又拎起未及打開的行囊，再度前往醫院。

病情急轉直下

媽媽在淩晨四點開始大喘，罩著供氧設備，但是意識清楚，心跳 150～160 上下，喘得很厲害，看著她喘得這樣辛苦，心中滿是不捨。我們圍在她身邊，緊緊握著她的手，為她禱告、唱詩歌和她說話，我們問她：「唱得好聽嗎？」她說：「好聽。」「這首你很喜歡？」她說：「是」，一開始我還能看見她的嘴巴動，像在唱和。我問她：「媽媽，我們以後相約在哪裡？」她回答：「在耶穌裡！」她很清楚自己的去處，我們很安慰。在上半天她雖然很喘，但仍然可以簡短說話，平日說話顛三倒四，那日卻格外清楚正確，有如迴光返照般，心境變得清明許多。

媽媽已在健保卡上註記不急救插管，不作心肺復甦，經過醫生和家屬討論後，決定讓她舒服一點的離開。因為喘得太厲害，開始使用含有嗎啡的輸液，減輕她的痛苦。心跳達到 150 以上，就像一直在跑馬拉松不能停下來，因此會十分的喘。看著監視心跳、血氧、血壓的機器，我們知道是不理想的狀況，媽媽臨終的時間快到了。人的耳朵是人最後喪失的器官，所以我們用說話、詩歌、禱告來陪伴她最後一程。媽媽直到臨終前都是清醒的，我再三叮囑她，如果找到了爸爸，要帶著爸爸到我夢裡來，讓我放心，她總是點頭回應我。她知道耶穌會差派天使來接她，心中並沒有恐懼，因為有太多熟悉的人在那裡。我們圍繞在她身邊，直到最後一刻！我們姊妹四人為她擦澡更衣，媽媽柔軟的身體，猶有體溫，彷彿只是睡著了一樣。

美好的終局

當晚將媽媽送往殯儀館冰存，兩日忐忑的心終於放下，心裡卻是空落落的，失去所愛的人，是人生的至痛，夜裡自然難以成眠，只好使用安眠藥物助眠。隔日早上醒來，媽媽的天使急著告訴我，她在清晨兩、三點的時候被熱醒，而當時她正夢見阿嬤和阿公一起吃飯，而且阿嬤還夾菜給阿公吃，他們都比照片中年輕，是黑頭髮喔！昨晚我們兩人同睡一間房，但是她並不知道我和媽媽的約定。沒想到爸爸媽媽如此快就見面了，爸爸會不會也是在歡迎媽媽的行列中，因此很快就團聚了。我如果吃安眠藥入睡，就會一夜到天明，不會醒來，也不會記住夢境，所以由她來轉告我，這是一個多美好的「End」！

我相信神的安排，一定都是最好的。媽媽平安的度過這三年，在她的天使一手照料下，第一次住院也是最後一次住院，距離她返鄉時間，只相差一個多月。神賜下好大的恩典，恩待媽媽少受病痛折磨，也走得令我們安心（與爸爸相聚了），而我們原本所苦惱、憂慮、擔心的事情，一件也沒有發生。我們申請外籍看護，因為疫情日益嚴重，外籍勞工入境產生問題，若依既定安排，看護入境時間正是政府宣佈暫停外籍勞工入境的時候。在媽媽住院前，我一再夢見爸爸媽媽和我同在老家的房子，這重複的異夢是個預告。媽媽住的病房是 717，她在 7 日病故，17 日舉行告別式，我確信這並非湊巧或偶然，而是一個安排，處處見到神的作為在其中。「死亡」是人生無法避免的終局，走得快，少受病痛折磨，是神莫大的恩典。

老人的孤寂

現今老人越來越長壽，老人照料老人的情況越來越常見，超過百歲不稀奇，而人瑞的孩子也是老人了。能夠身體健康活到百歲固然是好的，普遍老人所必須面對的不只是病痛，還有孤單的問題，當熟識的親友一一離世，活著就相對孤寂。我的姨媽和媽媽感情十分好，住院期間兩人還能使用視訊聯絡。媽媽在兩日內病情急轉直下，驟然與世長辭！我們不知如何告知姨媽，媽媽已經離世的消息。媽媽四歲喪父，七歲的姊姊如同小媽媽一樣照料她，兩人的一輩子幾乎是連結在一起的，她們有說不完的話，只有彼此可以互相訴苦，談論過往的一切。如今媽媽走了，姨媽說她活得越來越沒有意思，但是生命不是在自己的手中，生命的長度也不是由自己來決定，她說好羨慕媽媽，夢見媽媽兩次，都是和爸爸在一起，所以他們一定是團聚了。我們也是這樣認為的，所以很快能從失去媽媽的悲傷中走過來。媽媽在爸爸離世後，經常想念爸爸，五十四年的夫妻生活，他們有著外人難以理解的共同回憶，而他們之間的情感依附，也是任何人替代不了的。而現今他們又能在另一個地方團聚，在那裡他們不再是夫妻關係，而是友伴關係，能夠和許許多多的親朋好友相互為伴，是多麼美好的事啊！基督徒會被安置在同一個地方相聚，靈離開身體之後的聚集地，等候世界的末了，耶穌會進行最後的審判。

生命最後的歷程

我身邊的親朋好友，也和我一樣正在面臨父母生病及死亡的過程。在疾病面前沒有人面不改色，在死亡面前同樣不可能毫無畏懼。一個人如何從畏懼死亡，到面對死亡，到坦然接受死亡，是一個不容易的過程。我在陪伴父母度過這樣的過程中，有深刻的體會，這是一段飽受煎熬的人生歷程，親情的割捨，對誰都不是一件能輕易面對的事。人在面臨將失去的過程，總想努力挽回些什麼？這種心態可以理解，但是接受死亡，是人生必然的終局，是人生必須學習的功課。不需要經歷太多的磨難，走向人生的終點，對每一個人來說，都是最圓滿的結局。

延長痛苦的時間

在我祖母的年代，人們認為人要留一口氣回到家中斷氣，才算壽終正寢。我的爸爸住院二十一天後出院返家，十日後突然在凌晨四點多開始大喘，媽媽不希望送醫插管，再經歷更多折磨。爸爸罹患阻塞性肺病，從住院開始抽痰，剛好歷經一個月，抽痰是疼痛指數很高的侵入性治療。媽媽在送急診時，因肺部痰多而抽痰一次，結果她承受不住，血壓、血氧快速下降，因而那是唯一的一次抽痰，因她實在無法承受這樣的折騰。媽媽住院十天，最後兩日因為喘得十分厲害而罩上氧氣罩，強制給氧，近兩日的時間在醫院病逝。我們的爸爸、媽媽都沒有如我們預期的，在住家和醫院中來來回回，因為我們家屬對父母的臨終處理都有共識。當死亡已經無法避免，無效的醫療，只是在延長痛苦的時間，並無法拯救人避免死亡。每個人的器官都有使用年限，年老體衰是無法避免的情況，生命終究會有盡頭。

「一個善終」與病患的身體狀況、心理條件、社交環境、精神層面、醫療照顧以及事前的準備都有關係。「活著是最好的禮物，善終是最美的祝福。」身為基督徒，「善終」是神給人的恩典也是祝福。這是一個返回天家的過程，神並沒有要我們飽受折磨才能抵達。

期待怎樣的善終

在父母皆過世之後，我的心境也有了很大的變化，心裡不禁期待有一個怎樣的「善終」？每個人都會希望自己，在離開時少受折磨，因此我們應該先思考，當我們面臨不同的情境時，想要的醫療照護是什麼？死亡是難免令人擔心和恐懼的事，承認我們的軟弱，需要更多的幫助。對於身體疼痛難耐；對於死後的未知世界；對於家中經濟情況；對於想做的事尚未完成；對於捨不得的家人；對於不能預期的情況。當生命終將結束，我們期待的最終樣貌是什麼？是嘗試治療，評估無效後停止；接受舒適治療，容許自然死亡，或是用盡所有的方法延長生命。人如果一直維持清楚，或許能為自己是否善終作決定。最怕是陷入神智不清或是陷入昏迷，再也無法為自己表達意願，而必須交由家人來作出決定。

「不捨」是最大的困難，但是承受痛苦的是病人自己，誰也無法代替。就以我個人為例，我擁有基督信仰，知道人在這個世界只是過客，日子一到終將離去，回到愛我的神那裡去。如果可能，我想為自己舉辦生前告別式，能夠和我所愛的人一一道別，我要親自安慰他們，不要傷心，因為我已經息了人世間的勞苦重擔，去到好的無比的地方，跟我所愛的人團聚，這是我期待已久的事。況且我持守終身的信仰，是為了欣然見主。我知道生死在神手中，一旦被允許歸回，該是被祝福、被歡送才對！

生死在神手中

神的時候，就是我的時候，早已了無牽掛，對於生命不作無意義的延長，請讓我的身體痛苦減至最低，臨終的過程不要太長。我希望在家中，心平氣和接受死亡，安詳辭世，一切以最自然的方式進行。一個人無法進食，無法呼吸，就是該走的時候了，以前的人是這樣，而今日的人，因何不能也這樣呢？少受折磨絕對是神的莫大恩典，請勿竊奪我的恩典，讓臨終者多受痛苦，其實也是一種殘忍！

面對死亡的議題

「無憾」是「善終」的最高境界。我總能很容易將死亡的議題輕易說出口，是因為我對「死亡」很釋懷，十五年前先生發生事故之後，我深深理解生命的無常，沒有人知道明日將會如何？就連下一刻鐘將發生的事也無人知曉，但是神是知道的，神不只知道明天還知道未來，祂深知我們的一切！惟有倚靠祂才能少些恐懼、少些憂慮，能夠剛強，能夠壯膽來面對每一天。

多年來的觀察，能夠坦然面對死亡的人，其實仍然不多。「死亡」一直以來都是禁忌，很多人都怕觸霉頭。但是不去觸碰的問題，並不表示不會發生，這些端視個人能面對和接受多少。生命的課題，一向需要很大的智慧，很大的膽識，以及很好的思維方式。「死亡」既然是每個人都將面臨的終局，沒有理由不為自己的善終作準備。因為在生命末期的時候，並不是每個人都能夠依照自己的意思，有尊嚴的善終，尤其是不願意放手的家屬，想要努力救到最後一刻。在生命末期願意放下，才能讓所愛的人有善終。

有些時候，人並不是馬上就離開了，當心跳、血壓就維持在一個不上不下的地方，對家屬來說，一顆心也懸在那裡，這種煎熬有很多人都遭遇過。這是一個相互折磨的過程，病人很痛苦，親人很心痛。有時在不捨的情緒下，家屬就會要求全力搶救，問題是救回來的，是怎樣的一個人？

當回來的不是當初那個人，腦部受創的人往往會有性格上，或是某些能力喪失，或是肢體障礙的問題，生活品質大打折扣，甚至患者抱怨因何要救他？讓他必須面臨艱難的人生，照顧者與被照顧者都飽受折磨，我身邊有許多這樣的例子。當生命的存留面臨選擇，需要割捨很不容易，「轉念」和「放下」需要時間來預備，家屬需要更大的智慧來面對，怎麼樣對病人才是最好的。

適時的放手

有一位教友，他罹患糖尿病數十年，依賴施打胰島素才能正常生活，近幾年罹患失智症且情況不佳，有一日他昏迷送醫，原本以為是糖尿病造成的昏迷，送醫急救時，發現肺部有積水，抽掉積水之後，發現已罹患肺癌末期，且有腎臟衰竭的現象。老年人往往被多種疾病纏身，在救治上有困難，他的家屬毅然選擇安寧療護，不再積極治療，讓病人能以最自然，沒有痛苦的方式離開！「善終」是恩待一個人最好的選擇。

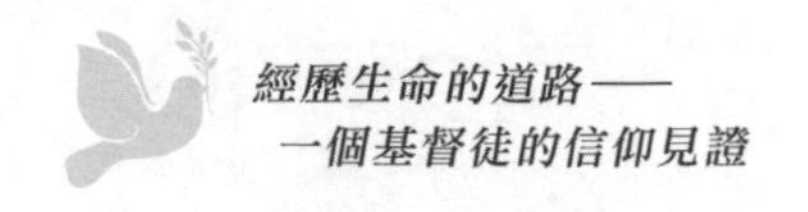

難以割捨的世界

有很多人為自己累積財富，是為了有舒適的老年生活，以及擁有好的醫療品質。但是一旦住院，除了頭等病房，專門醫療團隊外，所必須接受的侵入性治療方式，和常人無異。抽痰一樣感覺疼痛，身上插滿管子，一樣動彈不得，因為金錢上的優勢，會用盡所有資源來儘量延長壽命。有一位長輩積存了一些財富，立志要活到一百歲，他相信醫療科技日益進步，能幫助他達成心願，他重視養生，不斷研究哪些方式對延長壽命最好，也十分有毅力的去執行。但是人的器官終究是有使用年限的，越是年邁，進出醫院的頻率就越高，最後享嵩壽 103 歲。

一個人越是有錢，越是難以割捨這個世界，也越是相信金錢能使他與眾不同，能享有不同的待遇。但是病人的身分並沒有不同，承受痛苦的治療過程也沒有不一樣。因為有錢非得醫治到最後，才能對得起辛苦賺來的錢。金錢在醫療上，確實是不可或缺的角色。

我們很幸運，生活在醫療資源豐沛的地方，但也必須善用資源，才能夠長治久安；濫用資源除了債留子孫，也只是讓無效醫療延長痛苦時間而已。醫生是人不是神，要求神蹟當向神祈求，人行不了神蹟啊！至於神是否應許人的祈求，自有神的道理，無法強求！因為人人必有一死，即使再不願意也必須面對，就如必須面對死後的世界一般，這是人所無法逃避的問題。

了解真正的善終

人求「善終」然後呢？有一個好的死亡，並不代表能到好的地方去，我們為自己預備善終，也當了解善終後的去處，不思考並不表示不會遇到，到那時才後悔莫及就太晚了。任何事都當及時，不是嗎？如果經歷死亡，才是更大考驗的開始，死亡不是結束而是另一個開始，又當如何呢？人必須承認所知的有限，而不知的更多，才能真正認識生命的奧祕。而那奧祕來自神，是一切問題的解答。

第 7 篇

富足的窮人與貧乏的富人

在人類歷史上，富人和窮人一直都是壁壘分明的社會階層，金字塔的結構不管分成幾個階層，永遠都是越上層越富，越下層越貧。而富人和窮人往往生活在彷彿不是同一個世界裡，身處南轅北轍的環境中。若以財富來論當然輕易可辨，但若以生命的價值與意義來說，就另當別論了！

富人與窮人

在人類歷史上，富人和窮人一直都是壁壘分明的社會階層，金字塔的結構，不管分成幾個階層，永遠都是越上層越富，越下層越貧。而富人和窮人往往生活在彷彿不是同一個世界裡，身處南轅北轍的環境中。若以財富來論當然輕易可辨，但是若以生命的價值與意義來說，就另當別論了！

1945 年第二次世界大戰結束後，經濟十分蕭條，參戰的國家人口銳減，而且是青壯人力。為了補足人力缺口，而產生戰後嬰兒潮，這些嬰兒目前都是七十多歲的老人了。我的父母對於戰後生活條件不佳，都是有印象的，也經常聽他們提起。而我出生的年代，經濟稍微好轉，但是貧窮仍是普遍現象。「富足的窮人與貧乏的富人」是很值得思考的社會現象，東亞的日本、中國、韓國，都處於戰亂後急需重建的階段，但是在當時，貧窮的人卻有富足的心靈。

李潤福的日記

《李潤福的天空》是我小學階段，印象非常深刻的一本書。李潤福 1951 年出生，在韓戰結束之後，即使已過十年，韓國社會的生活條件仍然十分惡劣。李潤福當時 11 歲就讀小學四年級，他在老師要求每日寫日記的生活中，記錄每天的生活瑣事。由於母親和父親吵架後離家出走，酗酒又好賭的父親不事生產，生活沒有著落，因此每天放學後，必須出門賣口香糖或是拿著罐子去要飯，他和大妹兩個人靠這樣的方式，養活父親和年幼的弟妹。在當時賣口香糖的小孩會被警察拘捕，送去集中管理，他和大妹多次被抓後逃跑，不去賣口香糖就只能去要飯，他更討厭這樣的生活，有時遇上熟人或同學，總是讓他十分困窘。他也曾想要改變賺錢方式，幫鄰居放牧山羊，但那不是經常有的好差事。他背著父親幫他製作的鞋箱去幫人擦皮鞋，卻被毆打並搶走鞋箱，才知原來擦皮鞋是有地盤性的，並不是想做就可以做的工作。

李潤福在這樣的生活挫折裡，寫下一本又一本的日記，他經常望著天空流淚，想念他的媽媽，他最害怕聽見弟妹喊著肚子餓的聲音，永遠餵不飽的弟妹和經常餓肚子的自己，一家的生計全在他和大妹肩上，但是他堅持著上學，而且熱愛學習。李潤福的日記反映了韓國貧窮家庭兒童的真實世界，這種情況在當時是較常見的，因為母親離家、父親失能，家中長子成了家長，要擔負一家生計。韓國人一般是很重視家庭生活的，母親會離家出走，幾乎都是丈夫染有惡習又經常家暴動粗，妻子再也受不了，因而選擇丟下年幼子女離開家庭。

李潤福的級任老師十分同情他的遭遇，知道他經常餓著肚子上學，也沒有午餐吃，看了他的日記，經常淚流滿面。

有一回，她將李潤福的日記交給學校的另一位老師看，那位老師十分憐憫李潤福的遭遇，設法協助他改善生活狀況，這時他的大妹已經離家，說要去其他地方尋找幫佣的工作，她告訴哥哥會賺很多錢回來，讓大家不再挨餓。在老師的協助下，將李潤福的日記集結成書出版發行，書一發表之後，立刻激起韓國社會強烈的共鳴，很多人被這個孩子善良負責的本性，以及發奮向上的精神深深地打動了。1964 年《李潤福的天空》出版後成了暢銷書，成了老師鼓勵學生、父母鼓勵孩子學習的榜樣，這本書在暢銷之後，接著翻譯成日文，在日本同樣造成轟動。隨後中文版在台灣發行，成為學校指定的課外讀物，李潤福成了鼓勵學童向上的榜樣。李潤福的故事也曾拍攝成電影，登上大螢幕。

李潤福家中的生計因此改善了，離家多時的大妹找回來了，母親再見面時已經改嫁且生兒育女，他沒有怪罪離家的母親，雖然心中一直渴望母愛，盼望母親回家團圓。李潤福在他 39 歲時，就因病去世，他在成名之後，並沒有被名利沖昏了頭，仍然努力踏實的過完一生。

勞工烈士全泰壹

全泰壹逝世五十週年，我才有機會認識他，短暫的一生，都在致力於讓勞工過上人道的生活。1948 年全泰壹出生在韓國大邱，是一位勞工與勞工運動家。22歲時，在首爾東大門和平市場自焚，抗議惡劣的工作環境以及僱主對勞工的壓榨。全泰壹和李潤福是差不多年紀的人，當時貧窮家庭的孩子，都有類似的坎坷遭遇，終日為生計辛勞。他16歲時在成衣廠擔任學徒，當時的紡織工人，工作環境非常惡劣，在沒有窗戶及通風設備，佈滿粉塵的狹小空間，每天必須工作長達十五個小時，但是工資極低，而且一旦勞工生病，只能接受被解僱的命運。因為營養不良、極度疲勞，工人很容易染上肺炎、肺塵病、肺結核……等，工人飽受各種疾病的折磨，但是僱主對工人「招之則來，揮之則去」。在旺季時，工人不得不死命加班，即使賣命加班也不能得到額外的加班報酬；而在淡季裡，工人要麼短期失業，要麼得拿更少的錢，工作完全沒有基本保障。

目睹紡織工人生活的艱難與困苦，全泰壹開始研討從來沒有被執行過的《勞動基準法》，並和一群有共同想法的工人，向韓國勞工部遞交了請願書。當時的朴正熙政府當局，為了安撫示威遊行的工人，允諾做出改善勞工待遇，但事實證明，這只是緩兵之計。當全泰壹感覺到「這個政府吸著工人的血汗，卻裝出保護工人的姿態。」他希望改變富者越富、窮者越窮，工人被那些有權有錢者所控制的社會現實。1970年11月13日，年僅22歲的全泰壹手持《勞動基準法》引火自焚，表達對於政府與資方的不滿，經送往醫院救治，仍不治身亡。全泰壹在引火自焚前高喊：「要遵守勞基法！」「勞工是人不是機器！」「不許剝削工人！」「讓我們在星期日休息！」全泰壹一邊喊一邊把汽油澆灌在自己身上，當他的同伴們把火撲滅時，他已經被火焰燒得不成人形。在他臨終之際，對著自己的母親和同伴們喊著：「不要讓我白白死去！」

全泰壹自焚事件，撼動韓國社會，「以生命抗議不公！成為南韓工運烈士！」是報紙的頭版標題。1970 年 11 月 20 日，上千名大學生為全泰壹舉行追悼會，並發布「國民權利宣言」；2020 年 11 月 12 日，在全泰壹逝世五十週年之際，總統文在寅為全泰壹追授國民勳章。一把星星之火，燎起了社會各個階層的覺醒，全泰壹做出了個人犧牲，點燃了自己的生命，喚醒被壓迫者團結起來，一同對抗強權，才有今日的勞工權益。

資本主義的社會，勞方和資方往往站在對立的兩方，因為增加勞方利益，就會減少資方利益；而資本家出錢，勞動者出力，資本家是少數，勞動者是多數，但是在天秤兩端，卻是嚴重的失衡。全泰壹逝世已經五十年了！但是勞資雙方的立場，並沒有隨著時間有太大的改變。「一個人面臨的挑戰，應該被看成是所有人面臨的問題。」這是全泰壹說的，「若是所有人都面臨了問題，那又是需要誰來解決問題？」這是值得深思的問題。

富足的窮人

從李潤福和全泰壹身上，我們看到共同的社會現象，屬於窮人世界，所經歷的生命歷程。什麼樣的環境造就什麼樣的人，李潤福的事情是比較小我的範圍，而全泰壹的事件則是屬於大我的範圍。同樣的是，他們都願意為家庭、為社會做出負責任的犧牲和奉獻，在現今的世代，這樣的人已經不多見了！一個人要想認清真實的自己，除了自己的內心，還包括自己的外在環境，而環境不僅僅影響人的今生，還有來生。在今世富足，看起來似乎是比較美好的事！這是為什麼既得利益者，很難放棄既有利益的緣故。

貧乏的富人

富人難以體會窮人的生活，也不關心窮人過什麼樣的生活，當一個富人「窮得只剩下錢」是多麼貧乏的人生啊！自從工廠林立，資本家經商致富，快速累積金錢，世界富豪排名多數都是商人。比爾·蓋茲是位慈善家，他曾說：「當金錢達到一定程度，就只是數字的流動而已。」數字是冰冷的，怎麼才能讓它變得溫暖？比爾·蓋茲為窮人努力奔走，他說：「一杯乾淨的水，就能救貧窮國家很多的人。」他願意走進窮人的生活圈，看見人們的需要，他所成立的基金

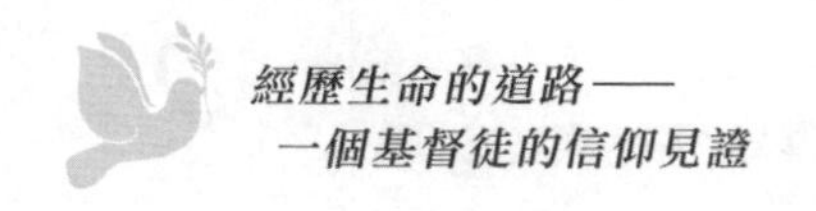

會，努力挽救貧窮人的生命，幫助人們脫離貧窮的惡性循環。金錢用在對的地方，更能顯出它的價值，發揮更大效益，否則金錢就只是數字而已！

印度的種姓制度

人的一生能真正了解的事並不多，尤其是沒有親身經歷過的事，就只是文字上的知識而已，我們所熟悉的，往往只是我們身邊的小小世界。我們都知道活在世界上，一定有不同的階層，而我們只認識和自己同溫層的人們，物以類聚，每個人的生活圈，大都是和自己類似的人。社會階層很難流通，在許多地方，甚至是一點機會都沒有。像是印度的種姓制度，即使法律已經廢止，但是在人的心中牢不可破！

我在一部紀錄片《印度的女兒》了解印度的人們。這是2012 年發生在印度德里的輪姦案，講述一名 23 歲的女大學生，在與一位男性朋友看完電影後，搭上了一輛私人營運的巴士回家，她在車子被六人毆打和輪姦，男性友人也被毆打受傷，之後兩人被扔下車。這個事件上了媒體版面，也成為國際新聞，頓時引起很大的關注，女大學生傷勢嚴重，她先在印度接受治療，後來轉送新加坡治療，最後仍然不治身亡。每年在印度，這樣類似的事件不計其數，尤其是在低種姓女子身上，加害人為自己辯駁：「正經的女性不會在夜晚和男性出門，女人本身也要檢討。」這種言論在女人地位十分低下的印度社會十分普遍，犯罪的理由是女性行為不檢，有許多去印度旅行的外國女性也受害。

印度童婚

印度至今除了種姓不流通之外，還有很多牢不可破的傳統習俗，女性在印度社會是可憐的犧牲品，童婚仍很普遍，因為宗教經典中提到，讓女孩在發育之前結婚，父母死後可以升天，而童婚在印度早就成為宗教教義的一部分。很多小女孩在不解世事的五、六歲，或是七、八歲就成為他人的新娘，早已時有所聞，為數甚多的十歲以下小女孩為家庭犧牲學業，早早成為人母，成為重要的勞動力。印度傳統習俗中，女兒出嫁時要提供夫家滿意的嫁妝，如果不能讓夫家滿意，出嫁後遭夫家人虐待至死不在少數，反正，再娶一個妻子又有一筆嫁妝。因而許多窮人把女兒用賣的方式，將其嫁給年紀大很多的男人，死在初夜的小女孩，不計其數。沒有人會去聞問這種事情，因為這原本就是一樁買賣的婚姻，一個願打，一個願挨，反正女兒是賠錢貨，少了一個是一個。

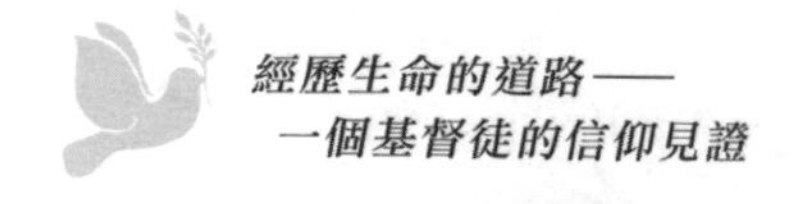

印度寡婦殉夫

印度直至目前，仍有寡婦殉夫的陋習，守寡的婦人不許改嫁，只有兩條路可走：要麼殉葬，要麼生不如死地苟活著。要穿最粗劣的衣服，不準參加任何娛樂活動，只能終生受到鄙視過一生。而選擇殉葬的寡婦會受到褒揚，在一番打扮之後，脫下衣物跳入火中，同丈夫屍體一起火化，眾人手持木棒向火中的婦人砸去，以免她忍受不住痛苦跳出火外，場面慘不忍睹。

印度閹人

印度還有一種閹人，是一些男孩在 10 到 15 歲時，通過宗教儀式被閹割成為女人。她們濃妝豔抹，穿著鮮豔「莎麗」被稱為「海吉拉斯」，是「神的舞者」，在印度的婚喪喜慶場合，她們以跳舞的方式為這些場合的主人祈福、驅邪避災，以換取微薄酬勞生活。閹人在印度社會中是等同賤民的人，跟他們接近會帶來霉運。平日人們和她們保持著很遠的距離，卻在特殊日子，接受她們的儀式來祈福、驅邪避災。閹人有自己的生活團體，她們不能結婚、沒有孩子，無法融入社會，她們生活在陰暗祕密的世界裡，僅有的親人就是其他閹人，在印度這樣的閹人以百萬計。

印度廟妓

印度還有一種可憐的女人，稱為廟妓，是貧窮人家的女孩，從小被賣到寺廟裡，供僧人、香客使用的女人。印度教中拜歡喜佛，就是男女交合的神，所以廟妓是合法營業的。廟妓大都賤民出身，一般也是終生不能結婚的女人，當年老色衰漸被淘汰，老年生活往往孤苦無依！

無法流動的階層

印度是文明古國，但是數千年來，因著種姓制度的緣故，維持最多奇風異俗。印度人主要信奉印度教，宣揚因果報應和生命輪迴，善行能使人升為婆羅門，惡行則能令人墮為首陀羅、賤民甚至畜類。印度人生下來即被視為印度教徒，外國人則不被視為印度教徒，沒有後天加入印度教的觀念。印度教四個種姓：婆羅門、剎帝利、吠舍、首陀羅，地位依次降低，各個種姓都有自己的道德法規和風俗習慣，不能互相通婚。除此之外還有賤民（不可接觸者），他們不屬四種姓中的任何一類。印度教中的賤民在社會上受到壓迫，而印度法律也無能為力，只能改宗（就是信其他宗教），終生受到歧視。

雅利安人

印度土地上最初的原住民都是黑種人，大概在 3000 年前，來自中亞地區的一支白種雅利安人南下，征服了原住民。之後幾千年間，雅利安人繼續南下，逼迫印度土著不斷往南遷，因此現今的印度越往南部，人們的皮膚就越黑。

種姓制度是2600年前，雅利安人入侵印度而創立的社會制度。每個種姓的人，生來便有自己的職責和工作屬性，要分辨印度人是哪個種姓，單看膚色大概也能知道。白皮膚的雅利安人種，大多是高種姓（婆羅門、剎帝利），黑皮膚的土著大多是低種姓（吠舍、首陀羅）。雅利安人征服印度，創建四個種姓制度，用於統治管理國家，作為種姓制度的創始人，以及國家的統治者，他們理所當然的將自己劃分為最高等級之列，就是最高階層的婆羅門及次等的剎帝利。

印度國父甘地

甘地是印度國父，他帶領印度獨立，脫離英國殖民統治，他的家庭是剎帝利，因而有機會到英國學習法律，回國後在孟買做律師。甘地參與印度獨立運動，他以公民不服從、不合作和絕食抗議等的政治主張，獲得世界關注，卻也多次被英國當局逮捕。甘地奉行的個人克己生活包括：素食、獨身、默想、禁慾，一週有一天不說話，用來冥想。他不歧視、不排斥任何與自己民族不同的信仰，不過他也一生無法超越世俗文化的框架。甘地反對不同種姓之間的通婚，並曾認為作為雅利安人的族群，應該得到更好的待遇，因而有人批評他是種族主義者。

種族主義者

甘地年輕時曾經為賤民階層爭取權利，稱賤民為「神的孩子」，但是掌握很大權力後，他堅持支持了種姓制度。曾經，甘地的聲望如日中天，講話很有分量，擁有為數眾多，且不分貧富貴賤的追隨者。甘地是唯一有機會改變印度種姓制度的人，但是他為了自己的階層利益，為維護自身權益而不願去做，導致大多數人民，至今仍在種姓制度、極度不平等的待遇下，痛苦地活著。

印度人在一生下來就決定一生的命運，包含一生只能從事哪些職業類別，他們能期待的唯有來生，再一次投胎在更好的種姓階層，才有機會過更好的人生。低種姓看重來生，因為今生已無盼望；高種姓看重今生，因為來世不知輪迴至哪個階層，因而如甘地這樣的人物，也不能輕易捨棄生來的高種姓。

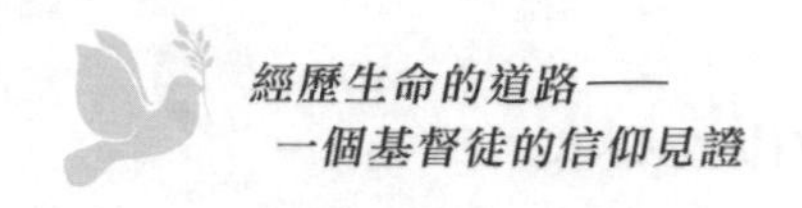

甘地被刺殺

甘地曾宣稱：「我是伊斯蘭、我是印度教徒，也是基督徒。」甘地認為自己對各種宗教信仰很包容，但是他卻無法跨越種族階層的藩籬。甘地 79 歲時，遭到認為他偏坦巴基斯坦的政治狂徒，刺殺身亡。有能力作為而不作為者，他和有能力作為而願意作為的人，真是天差地別。甘地曾經有機會救那樣多的女人和小孩，不再輪為種姓制度下的犧牲品。可惜政治人物的目光看不見這一切，他更看重的是政治籌碼和政治算計，結果在「印度」和「巴基斯坦」兩方都難以討好的情況下，葬送了自己的性命。

印度的貧與富

印度有 13 億人口，僅次於中國的 14 億人口，是世界第二多人口的國家。聯合國報告指出，全球極度貧窮人口，每 3 個就有 1 個在印度。印度有 13 億人口，但是 5 歲以前幼兒夭折率很高，貧窮的生活，連基本溫飽都有問題，落後的衛生條件、簡陋的生活環境、難以支付的醫療費用，造成很多孩子無法順利長大。印度政府也承認：「貧窮是最大的挑戰」。新冠疫情爆發以來，印度是僅次於美國的染疫大國，因為無力就醫，以及沒有正確的防疫衛生觀念，染病與死亡人數遠比官方公佈的多很多。政府政策掌握在高種姓手中，低種姓的人民，本來生命就不值錢，這些階級的人，把生命看得很淡，天要把人的命收去，就收去了，反正輪迴不止的生命，死亡或許才有改變命運的機會！印度1%最富的人口，擁有印度全國一半以上的財富，印度赤貧人口在30%以上。

窮人沒有隔日糧，沒有出門工作就沒有飯吃，即使疫情期間，即使封城，仍像平日一樣出門，他們只能求自己信奉的神祇保佑他們。因為他們只有兩種選擇：染疫而亡或是飢餓而亡，他們不能預料哪一種死亡方式會先到達。疫情嚴重時，富人搭乘包機逃到其他國家，躲避疫情。富人比窮人有更大的生存機會，這是社會的殘酷，也是難以改變的事實。世界很大，卻是大同小異，「強凌弱、大欺小」是不變的法則。雖然在國家的法律上，人人平等，但是在現實生活中，確實還存在「奴隸」、「童工」、「地位低下的女人」，他們總是又弱又小，被又強又大的勢力剝削、壓榨，也無人聞問。

彌賽亞耶穌

猶太人是神所揀選的子民，猶太人信奉猶太教，他們並不相信耶穌是彌賽亞。使徒彼得努力傳福音給猶太人，但只有少部分的人跟隨。使徒保羅將福音傳給外邦人，後來遍及整個歐洲大陸。耶穌來是為將福音親自示範，傳給所有願意相信並跟隨的人。耶穌教導人們怎樣行出真理，怎樣按著真理行，從耶穌的許多比喻中，可以看見祂對人們真真實實的愛。

耶穌不偏待人

耶穌的愛遍及許多不被愛的弱勢族群，撒瑪利亞人在猶太人眼中是被排斥的人，因為他們是猶太人和外邦人通婚的後代，是不純種的猶太人，他們雙方互不往來，猶太人寧願繞遠路，也不願穿過撒瑪利亞人的土地。但是耶穌不僅醫治撒瑪利亞人，也傳福音給撒瑪利亞人。有十個被治好的痲瘋病人中，唯一回來向耶穌道謝的，是撒瑪利亞人，其餘九位都是猶太人，他們將蒙醫治視為理所當然。耶穌向撒瑪利亞女人要水喝，並說出她以前有五個丈夫，現在有的並不是她的丈夫。婦人的隱私被揭發並沒有生氣，反而認為耶穌是先知，才能知道她的一切，婦人向她的同胞傳講耶穌，那城裡就有許多撒瑪利亞人信了耶穌。

耶穌在「好撒瑪利亞人」的比喻中說：「一個猶太人被強盜打劫，受了重傷，躺在路邊。有祭司和利未人路過但不聞不問。唯有一個撒馬利亞人路過，不顧隔閡，動了慈心照應他。在需要離開時，自己出錢把猶太人送進旅店。」耶穌用這個比喻來說明，鑑別人的標準是人心，而不是人的身分地位。

耶穌不偏待人，不排拒任何來求助的人。外邦人、痲瘋病人、稅吏、女人、窮人、殘疾人、罪人，耶穌關心那些無人願意幫助的人。祂憐憫他們，常為他們動了慈心，醫治他們或接納他們，讓他們有機會被拯救。耶穌為願意被拯救的人而來，只為了讓軟弱的人，可以被神觸摸。當人們想要祂成為猶太人的王，耶穌拒絕了！祂來這世界的目的，是為要尋找、拯救失喪的人，並且明確表示，祂的國不屬這世界，而且沒有藉由祂，沒有人能到祂的國裡去，祂就是唯一能指引這條道路的人。

耶穌的出身

耶穌選擇誕生在平凡的人家中，是一位木匠的兒子，這和猶太人所期待的彌賽亞相去甚遠，他們不相信神差來的王，會是這個模樣。耶穌既然可以選擇降生於何處，因何不生於撒督該人（祭司階層）、法利賽人（教導階層），他們是階層上有權有錢的一群人，因為耶穌太了解人性了！耶穌對於這兩個階層，常斥責他們假冒偽善，徒有敬虔的外表，沒有敬虔的實裡。他們受過良好教育，熟悉《聖經》（舊約），也作為一般人的教師，教導聖經知識，但是他們能說不能行。當人們有了權和錢，要捨棄這些便十分困難，他們加害耶穌，就是害怕這些既得利益，被耶穌取代了。因為耶穌快速得到眾人的跟隨，而且日益壯大，因此他們非將他除之而後快，怕日久成了隱患。沒有人會相信，有人不愛會堂的高位，筵席的首位，穿著華服，出入有人前呼後擁，有如君王般待遇。一個木匠的兒子，窮人翻身，不正是人人所希望的，誰不想往更高的階層上爬？

耶穌斥責驕傲自義

耶穌深知社會階層並不流通，祂如果出生在那兩個階層，就難以接近一般人，而無法以自己的身軀拯救眾人，得到全新的生命。「富人難進天國」比駱駝穿過針的眼還難，因為人在世上，處豐富比處卑賤，要保持謙卑更為困難。「財大氣粗」正是因為財使人粗聲粗氣、趾高氣揚。肉體的情慾，眼目的情慾及今生的驕傲，便很快找上門！當生活始終稱心如意，就會心高氣傲，當諸事順遂，就容易志得意滿。要在順境中、逆境中，保持一樣的柔和謙卑並不容易。驕傲的人永遠覺得自己的視界最寬、眼界最廣，驕傲自義有一個特性，就是所有人都知道，只有當事人不知道。他們「自我中心」、「自以為是」、「自以為義」，看自己永遠比別人好。

耶穌接納稅吏

「耶穌向那些仗著自己是義人，藐視別人的，設一個比喻，說：『有兩個人上殿裡去禱告，一個是法利賽人，一個是稅吏。』法利賽人站著，自言自語的禱告說：『神啊！我感謝祢，我不像別人，勒索、不義、姦淫，也不像這個稅吏。我一個禮拜禁食兩次，凡我所得的，都捐上十分之一。』那稅吏遠遠的站著，連舉目望天也不敢，只是搥著胸說：『神啊！開恩可憐我這個罪人。』我告訴你們，這人回家去，比那人倒算為義了，因為凡自高的，必降為卑的，自卑的，必升為高。」（路加福音十八章9-14節）稅吏因為幫羅馬人收稅，人們認為他們為虎作倀，所以視他們為罪人，不願意和他們為伍。但是耶穌卻和他們一起吃飯，到他們家中作客，祂並且召了馬太（稅吏）跟從祂，成了十二個門徒之一。法利賽人對耶穌的門徒說，你們的先生為什麼和稅吏並罪人一同吃飯呢？「耶穌聽見，就說：『康健的人用不著醫生，有病人的才用得著。』經上說：『我喜愛憐恤，不喜愛祭祀』這句話的意思，你們且去揣摩，我來，本不是召義人，乃是召罪人。」（馬太福音九章12-13節）罪人願意認錯悔改，耶穌便稱他為義。「撒該站著，對主說：『主啊！我把所有的一半給窮人，我若訛詐了誰，就還他四倍。』耶穌說：『今天救恩到了這家，因為他也是亞伯拉罕的子孫。

人子來，為要尋找拯救失喪的人。』」（路加福音十九章8-10）撒該的真心悔過，讓他又重回亞伯拉罕子孫的行列，成為蒙福的子民。

耶穌憐憫女人

女人在猶太人社會裡地位不高，一個患了十二年血漏的女人，花盡積蓄也不能治好自己的病，血漏症在律法上視為不潔，被患者摸到的人或物都成為不潔，因此被人排斥。這位女人為了治病，心裡想只要摸耶穌的衣服繸子，病就會好了。她不顧羞恥擠在人群中，去摸耶穌的衣服繸子，耶穌感覺有能力從祂的身上出來，因此詢問是誰摸祂。祂當然知道是誰摸祂，是什麼原因摸祂，把她找出來，是為了讓眾人知道，她的疾病已得醫治，再也不是不潔之人。「**耶穌對她說：『女兒，你的信救了你，平平安安的回去吧！你的災病痊癒了。』**」（馬可福音五章34節）耶穌不只醫治人的病，也醫治人的心。一個帶著羞辱生活的女人，心裡必然傷痕累累，不止要面對疾病，還要面對歧視，而耶穌是這樣仁心仁術的醫治者。

耶穌對於女人的遭遇充滿憐憫，有一位因為犯姦淫被逮的婦人，男人不知去向，但女人被抓到耶穌面前，以摩西律法，犯這樣罪的人，要被石頭打死。「**耶穌問大家說：『你**

們中間誰是沒有罪的，誰就可以先拿起石頭打她。』結果一個一個都離開了，只剩下耶穌和婦人。耶穌挺起身來，問她：『婦人，那些人在哪裡？沒有人定你的罪嗎？』她說：『主啊！沒有。』耶穌說：『我也不定你的罪。去吧！從此不要再犯罪了。』」（約翰福音八章7-11節）耶穌願意給人不再犯的機會。

耶穌憐憫窮人

耶穌說：「貧窮的人有福了」，還有「你們富足的人有禍了」，這些話與當時人們的認知和看法是迥異的，猶太人認為貧窮是神不祝福的記號，蒙神祝福的人一定凡事亨通，家財萬貫，享受權勢名聲。耶穌顯然是來更正人們的錯誤認知，富人比起窮人更容易犯貪婪的罪，受到更多被引誘犯律法的機會，而那要進神的國相形困難。窮人比富人更容易成為心靈富足的人，因為擁有的少，心靈也容易滿足。窮人的生活相對簡單很多，比較容易成為清心寡慾的人；而富人相對於各種追求，比較容易如償宿願，所以慾望無窮，享受罪中之樂。人一旦擁有了，就難以割捨，財富是很多人安全感的來源。

有一位來向耶穌求永生的少年，他平日持守摩西律法，問耶穌還缺少什麼？「**耶穌說：『你若願意作完全人，可去**

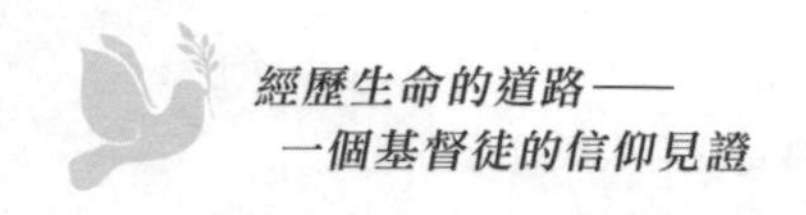

變賣你所有的，分給窮人，就必有財寶在天上，你還要來跟從我。』那少年人聽見這話，就憂憂愁愁的走了，因為他的產業很多。」（馬太福音十九章 21-22 節）富人難進天國，是因為「富」而不是「人」。耶穌也講了一個無知財主的比喻，有一個財主田產豐盛，擔心他的出產沒有地方收藏，所以就把倉房拆了，另蓋更大的，然後對自己說：「我有了這麼多糧食和財物，可作多年的費用，只管安安逸逸的吃喝快樂吧！」神卻對他說：「無知的人哪！今夜必要你的靈魂，你所預備的，要歸誰呢？」

耶穌憐憫弱勢族群

我們都知生死在神手中，有許多大富豪突然猝死了，爭產的戲碼很快就會如期上演了！我們所積存的財寶，沒有一樣是能帶走的。耶穌曾對眾人說：「你們要謹慎自守，免去一切的貪心，因為人的生命，不在乎家道豐富。」再豐富的人生，也有散席的時候，當財富無用時，富人又能依靠什麼？「**耶穌又對請他的人說：『你擺設午飯或晚飯，不要請你的朋友、弟兄、親屬和富足的鄰舍，恐怕他們也請你，你就得了報答。倒要請那貧窮的、殘廢的、瘸腿的、瞎眼的，你就有福了！因為他們沒有什麼可報答你。到義人復活的時候，你要得著報答。』」**（路加福音十四章 12-14 節）

神的法則是「你有給人的，必有給你的。」耶穌要我們看見弱勢族群的需要，「雪中送炭，而不是錦上添花。」這些弱勢的人，一頓飯正是他們的需要，而和我們有同等能力的人，並不缺少我們的一頓飯。擺筵席不難，願意邀來這些不體面的人比較困難，人習慣迎合上層而非下層，這是普遍的人性，因為迎合上層會有好處，而迎合下層看不見好處，除非是遵主旨意而行的人，否則不容易做到！跟隨耶穌並不容易，主有很多主張是考驗人性，甚至挑戰人性的底線！多數人會說：「我願意捐錢幫助他們，給他們買吃的，但是到我家裡來作客，我有困難！」服事人要放下身段，而放下身段並不容易！尤其是在較好階層的人身上，他們不習慣與不同階層的人為伍。

耶穌願意放下身段

耶穌受到法利賽人和撒督該人的厭惡，正是祂願意放下身段，與諸多不同階層的人為伍，因而有了越來越多的跟隨者，耶穌和稅吏、罪人一起，引人側目！法利賽人認為祂有失身份，猶太人遵守嚴格的律法，凡被視為不潔之人，必不靠近，而且要遠離他，才是遵守律法的表現。但是在耶穌眼中，不潔的是人心，而不是人。猶太人守非常嚴格的飲食戒律，不吃視為不潔的食物。「**耶穌說：『豈不知凡入口的，**

是運到肚子裡，又落在茅廁裡嗎？惟獨出口的，是從心裡發出來的，這才污穢人。因為從心裡發出來的，有惡念、兇殺、姦淫、苟合、偷盜、妄證、謗瀆。這都是污穢人的，至於不洗手吃飯，那卻不污穢人。』」（馬太福音十五章17-20節）可見真正骯髒的不是人的外表，而是人的內心。

富人和窮人的比喻

耶穌說過很多有關富人和窮人的比喻，並一再表明，今生的境遇和來生的境遇並不相同。耶穌非常直白的指出，人的貧窮與富足，正是內心和外表所顯示的一切。寧願是富足的窮人，也不要成為貧乏的富人。在耶穌的眼中，屬神的富足和屬世的富足並不一樣，心靈的富足和貧乏也不一樣，因此耶穌給了我們很多這樣的教導，有什麼樣的作為，來自於什麼樣的心！

第 8 篇

分辨生命中的謬誤

人不倚靠神的話語，就會失去分辨是非對錯的能力，人云亦云。只要有一群人認同某種思想，有人領導，有人追隨，能說一套說服自己與別人的理論，「主義」就誕生了。「良知是內在的思維，道德是外在的行為。」當一個人丟失了這兩樣，神早已安置在人身上的「初心」，人就再也沒有能力，走在正確的道路上了。宗教信仰對人們來說，並非可有可無，而是必須要有的。有了正確信仰，有了正確的信仰對象，會幫助我們在人生旅程中，分辨生命中所遭遇的荒謬與錯誤。拋棄了謬誤，就更接近真理了！

事情的真相

《楚門的世界》是一部很有意思的電影，劇情敘述一位導演收養一位嬰兒，將他放在導演所建構的攝影棚內養育成人，這是一個真人實境秀節目，小嬰兒身邊的人、事、時、地、物都是假的，所有人都是演員喬裝的，所有景物都是導演精心安排的。小嬰兒名叫楚門，在觀眾的收看下長大，攝影棚就是他全部的世界，直到有一天，有人告訴他，這一切都是精心策劃的騙局，起初他是難以置信的，他疑惑起自己的人生，究竟要相信誰？操控他二十多年的導演是他的養父，不斷以造物主的形象自居，他認為楚門置身在其所精心建構的環境中生活，是最安全有保障的，處心積慮避免楚門逃離他的魔掌。對於這部影片，我一直印象深刻，反思我們的人生，是否正是這樣！活在謊言的世界裡，卻以為是真實的，因為我們被欺騙的太久，早就習以為常了。如果我們就是楚門，當發現了事情的真相，會不會有勇氣，毫不猶豫的選擇遠離它！

歐洲的黑暗時代

人們所處的世界，不同的世代有不同的時空背景，當時看來習以為常的事，後人看來十分荒謬可笑且錯得離譜。整個歐洲歷史由希臘→羅馬→中世紀→文藝復興→工業革命，這些階段串聯起來。中世紀歐洲給人的印象是「黑暗時代」，而其黑暗的緣故，矛頭指向政教合一的社會結構。基督教會（現今天主教）強勢的思想控制，導致人們的愚昧。宗教的言論主導一切，個人的理性和自由被宗教的教義所蒙蔽。當時基督宗教是人們生活的唯一指引，死後能否進入天國，就看生前的罪孽有沒有來得及受到寬恕。十一世紀十字軍東征的年代，就開始有所謂的「贖罪券」，所謂「聖戰」背後的政治算計且不用說，單是這種「贖罪券」的先例，以至其後為斂財而濫發，都是羅馬教廷腐敗的象徵。

歐洲黑死病

十四世紀爆發世紀瘟疫「黑死病」，造成人口大量死亡，有許多人認為，黑死病的出現，是天主要降罪於腐敗的羅馬教廷。面對黑死病的傳播，神父教導眾人儘量避免洗澡，洗澡會傷元氣，因而社會各個階層，上至皇帝、下至百姓，都很少洗澡，很多人一生的洗澡次數屈指可數。這樣的衛生習慣，當然更助長疫情的傳播，但是在當時「洗澡傷元氣、易生病」的說法，大家都是深信不疑且奉行遵守。至於贖罪券的功用，眾人也深信其功效。中古世紀的羅馬教會，對於犯不至於死罪的人，給予補贖的機會，可以減免今生或是死後煉獄的時間，補贖的方式，除告解之外還有善功、賙濟等。教會能夠減免罪罰的理論根據，是以為教會掌握「功德庫」，儲存基督無限的恩功和殉道聖徒的多餘善功，可以撥給信徒，以抵減他們犯罪應得的刑罰。

販賣贖罪券

第一次十字軍東征，教皇宣佈有參軍的人，可以獲得減免罪罰，並為每一位十字軍人發放贖罪券。一開始是免費發放，堅定教徒的信仰，後來教廷發現這東西很受歡迎，簡直是供不應求，於是開始通過販賣贖罪券來斂財。贖罪券除了讓自己免入煉獄，也可以將已經入煉獄的親人贖出來。當時的教會連聖職都可以買賣，所以買賣點功德也就不算什麼了。1517 年 3 月 15 日，利奧十世頒佈了一種特別的贖罪券，購買這種贖罪券的人，不僅能夠獲得「完全的贖罪和所有罪孽的寬恕」，而且「未來犯下的罪孽也可以優先贖罪」。贖罪券後來被吹噓成通往天堂的通行證，當時的教皇宣稱，購買贖罪券可以減輕罪惡而上天堂，根本是一種大肆斂財的詐欺把戲。販賣者宣稱：「教皇有權原諒他，天主也會跟著原諒他。」這些無知的修士為了出售贖罪券，更聲稱贖罪券效力無邊，贖罪券幾乎等同護身符，而教皇幾乎等同基督了。

羅馬神職人員

羅馬教會在1500年左右，它的首腦就是羅馬教皇，教會隨著時間的發展，變得越來越世俗化，很多教會領袖，越來越關注金錢、奢侈和權勢，而不再是耶穌基督的學說和人的靈魂救贖，因為教廷需要大量錢財，供日益奢侈的神職人員維持生活開銷。在當時，人們不能閱讀聖經，閱讀聖經是神職人員的專利，人們經由上教堂聽神父講道來獲得聖經知識。但那畢竟是二手資訊，而且其中教義和內容，是經由教會內部會議決議後，再陳述給信徒聽，因此有許多論述，根本偏離了聖經教導，與基督教義也相去甚遠。教廷最後淪為披著宗教外衣的政治組織，教皇號稱傳達天主的旨意，是天主的代言人。教皇權力大過各國國王，驕奢淫慾也有過之而無不及，「絕對的權力，絕對的腐敗」幾乎是無法跨越的鐵律。1562年，鑒於各方人士的強烈不滿，羅馬教廷決定停止發行贖罪券。惡名昭彰的贖罪券，終於成為歷史，卻也留下難以抹滅的污點。

馬丁路德的宗教改革

十六世紀初，神學家馬丁・路德發動了德意志宗教改革。他強烈質疑聖座（教皇）關於藉金錢換取赦罪的教導，貼出《九十五條論綱》，提出討論教會腐敗的問題，結果被開除教籍、逐出教會。馬丁·路德是神學教授，他明白的指出：「神的恩典，是祂白白給予人類的禮物。」他認為生命救贖並不是透過善功，而是單單藉信靠耶穌基督作為救贖者而獲得的。而教皇妄稱神的名，一切都說是「天主」給人的，卻是以神之名行斂財之實。馬丁·路德的論點受到一些人的認同，當然也受到既得利益者強烈的反對。天主教的體制是十分封閉且專制的，質疑教皇等於質疑神，因此馬丁·路德被逐出天主教，一點也不令人意外。

天主教基本上是人對人，而不是人對神，人藉著向神父告解、懺悔、悔改而獲得「赦免」。信徒告解後，神父會告知該項罪，要唸多少遍天主經、聖母經、聖三光榮經後，罪就得贖。這些經文需要背頌，信徒使用唸珠來幫助計算次數。是不是覺得天主教和佛教的儀式很類似，都是使用唸經的方式來贖罪，甚至可以迴向死去的亡者，或是存在的活人，這和基督新教（現今基督教）是不同的。基督教摒棄人和傳統儀式的權威，完全高舉《聖經》為唯一的依歸，因此若是真正的基督徒，必然會讀經、禱告，並在生活中認識神，而不是透過儀式及教條。信徒只要相信，就可以親自向神禱告祈求，並和神建立關係。基督教的立場是尊重過去的使徒、門徒們，受過許多磨難仍心向神的心志，但是他們並不是神，人要禱告和懺悔的對象仍然是神，不希望信徒以為向聖徒禱告是可行的。天主教將很多人封聖，基督教沒有封聖的作法，對於事奉者和為神作工的人，獎賞是由神來決定，而不是人來決定。

薄伽丘的十日談

如今已經是二十一世紀了，當我們看這段歷史，會覺得當時竟是如此錯誤和荒謬。但人們大都還是約定成俗，按著這樣的方式生活。有少數知識分子，即使身處在高壓統治之下（教會是每個人必須的棲身之所，被逐出教會可不是件光榮的事），仍有良知未泯的人。薄伽丘寫下《十日談》被稱為《人曲》，和寫下《神曲》的但丁齊名，因為有這些著作流傳下來，我們因而能夠深刻體會，當時的社會情況是何等的景象。

《十日談》故事背景是1348年義大利的佛羅倫斯，當時受到黑死病的肆虐，造成很多人死亡，為了躲避瘟疫，十位男女在十天當中，輪流講了一百則故事。《十日談》揭發當時的人們，私底下真實的一面，藉書中人物的言談，來揭露宗教的偽善與醜陋，展示了教皇、神父、修士、修女的腐化墮落，以天主之名，說的是一套，做的又是一套。它是一部描寫當時社會的人性百態，十足反諷意味濃厚的作品。

但丁的神曲

但丁是當代有名的詩人，《神曲》便是以詩的形式寫成。但丁在《神曲》中將「地獄」、「煉獄」、「天堂」寫得十分傳神，「地獄」是最熾熱之處，留給那些道德有嚴重瑕疵的人。但丁神曲中敘述：地獄形似一個上寬下窄的漏斗，共九層。第一層是未受洗的異教徒；第二層是縱慾；第三層是暴食；第四層是貪婪；第五層是憤怒；第六層是異端；第七層是暴力；第八層是欺詐；第九層是背叛者。「煉獄」則是給生前犯有罪過，但程度較輕的靈魂，分別在這裡修煉洗過，共有九層。第一層是淨界山下海岸：犯的是輕微的罪；第二層是環山平地圈：因為某些事故慘死；七層洗滌煉獄，分別是為滌除：驕傲、嫉妒、憤怒、懶惰、貪婪、貪食、邪淫。「煉獄」是讓死亡的人滌除罪惡的地方，因此人並不珍惜生前的機會。

但丁《神曲》中的「天堂」除了九重天之外，另有一層天府（最高天），合為十的完全之數。九重天為靈魂暫棲之處，第十層則是成聖者的靈魂永居所和天主的居所。「煉獄」是天主教才有的說法，基督教只有「天堂」和「地獄」，並沒有「煉獄」的說法。佛教所說下十八層地獄，大概是「地獄」加上「煉獄」就是十八層了，而佛教十八層地獄的環境，是不同程度的寒冷和熾熱。

煉獄洗滌罪孽

中世紀的「贖罪券」賣的如此好，不論富人、窮人都搶著要，擁有贖罪券，犯一些小罪就有恃無恐了。不管是活著的人、死去的人，永遠有機會，因為天主是寬容的。生前有罪的靈魂在此洗滌罪孽，待罪惡煉淨後，仍有望進入天堂，這就是「十日談」中，每個人口口聲聲稱「天主」如何如何，但仍然照樣犯罪，不論是一般人或神職人員。而但丁的絕妙神曲是以詩的形式寫成，對於當時統治階層的基督教（現今天主教）信仰寓意深遠，也有多處暗喻教皇藉免罪之舉詐騙斂財。

教皇是神的代言人

現今稱呼天主教是基督舊教，基督教為基督新教。「新教」的拉丁文意為「抗議」是 1529 年神聖羅馬帝國宣佈馬丁．路德為異端之後，所引起的強烈抗議。新教源於十六世紀的宗教改革運動，與天主教、東正教並列為基督宗教的三大分支。新教以《聖經》為信仰的唯一依據，反對天主教的教皇制，更相信所有信徒都有祭司的職分，能夠與神直接溝通，不需要透過神職人員轉達。

羅馬教皇的印章刻有聖彼得的字樣，教皇能以此章免

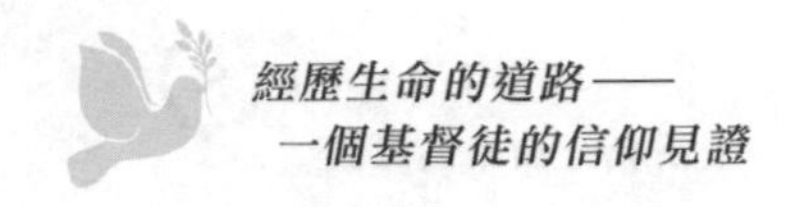

罪。天主教稱聖彼得（使徒彼得）為第一任教皇，而此之後，每位教皇都是神在世上的代言人。《聖經》記載使徒彼得和保羅，都曾拒絕人對他們的膜拜，並且一再表明自己只是一般人，人應當崇拜的對象是神，需要高舉的是神，而不是人。天主教以彼得得到了天國的鑰匙，就是特別的屬靈權柄，這是教皇及教會的權柄來源。事實上人根本無法參透神的心思意念，如何成為「神的代言人」代表神來發言？即使歷代能聽見神話語的先知，也只是說自己轉達神要他告訴人們的話語。真正認識神的人，確實知道神存在的人，絕對不敢班門弄斧。神至今仍使用各種方式說話，不需要人來代言。

文藝復興時代

文藝復興發生在十四世紀至十七世紀，從義大利興起，在十六世紀時已擴大至歐洲各國。十四世紀的世紀黑死病期間，歐洲人口減少了三分之一，因為大量青壯年人死於鼠疫，農村勞動力銳減，封建莊園佃農和農奴奇缺，動搖了封建佃農制的根基，勞動力供不應求、人工昂貴，直接推動了工具改良和技術創新。文藝復興在這樣的時代背景下，加速了社會結構的改變。封建莊園的平民和奴隸階層，原來只能從事選擇不多的工作，就是為封建領地主工作，當莊園無力支付昂貴薪資而逐漸瓦解，這些人選擇了各種不同領域的工作，因此文藝復興時期，天文學、數學、物理學、生物學、醫學、文學、繪畫、音樂、舞蹈、建築都蓬勃發展，尤其航海技術進步之後，人們可以到更遠的地方，印刷術的推廣，亦使得更多的人能夠接觸到各種書籍，特別是《聖經》。當《聖經》需要靠神職人員以抄寫的方式來複製的時代，《聖經》只有神職人員才有機會接觸的到，也就不足為奇了。文藝復興初始是因為興建了大量教堂，為了裝飾教堂，在雕刻和繪畫方面人才輩出，大放異彩，出現許多大師級人物。在十五世紀早期，多數國家都已經設立了圖書館，希臘文、拉丁文的書籍，加速了文化的交流。

工業革命以後

工業革命於十八世紀中期於英國開始，人類生產與製造方式逐漸轉為機械化，出現了以機器取代人力、獸力的趨勢，以大規模的工廠生產取代手工生產，引發了一場產業革命。直到二十一世紀的今日，工廠仍日以繼夜地不斷生產出各式各樣的商品，供應世界七十七億人口。人類為自己的成就十分自豪，這是人類前所未有的榮景。伊隆・馬斯克是自動車特斯拉的創辦人，他涉足網際網路、再生能源、太空等領域。伊隆・馬斯克的未來藍圖，是發展 AI 人工智能替代人力，人類移民到其他星球居住，他曾是全球首富，人有錢口氣也很大，認為沒有什麼是科技不能做到的，當被問及宗教與科學是否可以並存，伊隆．馬斯克說：「不可能」。

現今世界人口雖然有七十七億，但是擁有宗教信仰的人日漸在減少，當人類開始相信科學，科學已經成了人的信仰。人類追求更舒適、便利、快捷的生活，以及多采多姿的享樂，世界經濟靠鼓勵消費來支撐，節儉不再是美德、愛物惜物不再是美德，這些全成了經濟成長的絆腳石，現代人追求更新更好的商品，各樣廣告鼓勵人們喜新厭舊，舊的不去新的不來，靠著買、買、買來刺激經濟成長。

科技與人性

自有人類以來，人們為了求生存而努力著，每個人都追求更好的生活。科技可以改變生活，但是無法改變人性，而人性如果沒有改變，歷史只會一再重演，一切仍然會是一樣的。階級制度向來存在於人類社會的各個年代，即使角色對調，強者一樣欺負弱者。幾千年來，每個國家幾乎都有貴族、平民、奴隸三種階級的存在。而現今以富人階級、中產階級、窮人階級來做區隔，剝削者和被剝削者，仍是弱肉強食的基本樣貌。每個奴隸都期待成為自由人，不再由任何人管轄，人們盼望真正的生而平等，但是人世間不可能有齊頭式的平等，從我們降生在不同階層的家庭裡，人生的起點就已經不一樣了。現今的社會，奴隸制度廢除了，但是富人和窮人仍舊是「飽暖思淫慾、飢寒起盜心。」即使窮人成了富人，富人成了窮人，人性仍舊是一樣的。富人驕傲奢侈、自恃甚高、目中無人，以自己獲取的財富為傲；而窮人窮其一生為了追求財富飢不擇食，努力抓取任何一分財富，為了成為富者。伊隆．馬斯克認為宗教和科學無法並存，我有不同看法：科學可以改變生活，卻無法改變人性，但是宗教可以改變人性。只有科學沒有宗教的世界，縱使有美好的生活，但是欠缺人性的生活，會是美好的嗎？

林語堂重回基督信仰

林語堂是二十世紀的文學家、發明家、語言學家，他的一生對於東方文化、西方文化都有深入的了解，也有深刻的見解。林語堂說：「三十多年來，我唯一的信仰乃是人文主義，相信人有了理性的督導已很夠了，而知識方面的進步，必然改善世界。可是觀察二十世紀物質上的進步，和那些不信神的國家所表現出來的行為，我現在深信人文主義是不夠的。人類為著自身的生存，需要一種外在的、比人本身偉大的力量相連繫，這就是我回歸基督教的理由。我願意回到那由耶穌以簡明方法，傳布出來的上帝之愛和對祂的認識中去。上帝所造之物使我厭惡一切造作、複雜和人為的瑣碎事

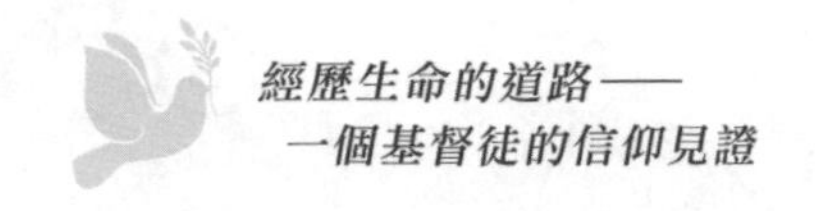

物。我是一個第三代的基督徒，父親是長老教會牧師，曾經我相信人的智能，也相信人藉著教育的力量，可以達到完美的境界。許多年來，我相信人的理性足夠改善自己及改善世界，但在生活中，我看出人的自信心增加，並不使他成為更好的人。曾經我離開基督信仰又回到基督信仰，因為，我重新體會到耶穌那簡單、純樸、可敬畏而發人深省的教導。」

信仰人本主義

人文主義的學者和藝術家，提倡人性，以反對神性；提倡人權，以反對神權；提倡個人自由，以反對人身依附神。1960 年以後，西方國家趨向世俗化，無宗教信仰者的比例日益增加，人文主義的主張及理念，為無宗教信仰者，提供一個近似宗教的信仰和價值。人本主義及人文主義有密切關係，是重視人類價值、人的生命、生存狀況的思想，人本主義認為人應該對自己的行為負責任。我們雖然有時會對環境中的刺激，自動地作出反應，有時會受制於本能、慾望，但我們有自由意志，還有自己的心靈和精神，我們有能力決定自己的目的和行動方向。

無神論者

二十一世紀的今日，看見人們毫無節制的生活、物慾橫流、追逐金錢和享樂，人的心在遠離神之後，更加接近魔鬼的作為。人將自由無限上綱，「只要我喜歡沒什麼不可以」，人心不再受到規範，神放在人身上的良心，漸漸也失去了知覺。更多的人因為不信有神，所以也不認為自己的行為會受到懲罰，因而可以在這個世界為所欲為。

不可知論者

現今社會的不可知論者人數顯著增加，常被視為是無神論者或是無宗教者。不可知論者不像無神論者一樣，否認神的存在，只是認為人無法知道或無法確認，神是否存在。他們不確定是否有來世，是否有鬼神。他們通常被算作非宗教的、世俗的，但是不一定沒有信仰。大多數人對於宗教信仰未堅定，主要是受到社會風氣和自小環境的影響，他們把宗教當作是常識，或只是傳統文化，他們或許也相信，宇宙中有高於人類的存在，但是他們更相信自己，認為世上的一切，都需要靠自己來創造，別人追求什麼，他們也追求什麼，因為那是普世價值。但普世價值總令人莫衷一是，有太多的理論和觀點。神只有一位，但是人（專家）卻有很多，

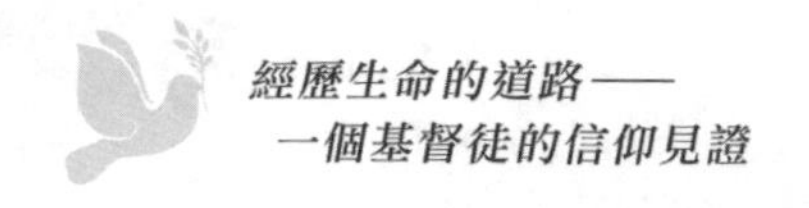

各人一把號，各吹各的調。例如：「道德絕對主義」、「道德懷疑主義」、「道德普遍主義」、「道德相對主義」、「道德虛無主義」，用來討論道德是正確的，還是不正確的觀念準則。道德不是本著人的良知，就清楚可辨的嗎？因何還需要那樣多不同的主張，而且主張還是相互對立的。現代人活得極其複雜，是因為各種似是而非的言論，左右了人的思維。而人總是能找到各式各樣的理由藉口，「人不是犯了罪，而是心理生病了，所以不是罪人，而是病人」，「人性本善，只是不小心犯了錯，罪不至死」，這是人道主義者的主張。

分辨荒謬與錯誤

人不倚靠神的話語，就會失去分辨是非對錯的能力，人云亦云。只要有一群人認同某種思想，有人領導，有人追隨，能說一套說服自己與別人的理論，「主義」就誕生了。「良知是內在的思維，道德是外在的行為」，當一個人丟失了這兩樣，神早已安置在人身上的「初心」，人就再也沒有能力，走在正確的道路上了。人有太多需要滿足的慾望和需求，久而久之就成為癮，非有不可。任何事物都可成癮，「電玩癮」、「美食癮」、「名牌癮」、「咖啡癮」、「酒癮」、「糖癮」、「毒癮」、「煙癮」……等，成癮比我們想像中更為容易。人的物質越豐富，心靈卻越空虛，空虛的主因是我們的內心，有一個被需要填補的洞，因而為了尋求心理的滿足，追求能滿足的物品、食品、藥品及任何可以滿足慾求的東西。但是人生感到空虛，經常是因為缺乏愛的緣故，沒有被愛充滿的人，所有的癮都會找上來。因此能夠醫治「癮」的，也唯有「愛」。

人的愛往往很有限，不止人的愛心有限，耐心也有限，無法應付索求無度者的要求。而神的愛是無限的，祂就是愛的源頭，像泉水一樣不斷湧出，能夠充滿所有需求者的身體，浸泡在愛裡，融化在愛裡。因愛而喜樂的心，能戒斷所有的癮，而且不再復發。宗教信仰對人們來說，並非可有可無，而是必須要有的。有了正確信仰，有了正確的信仰對象，會幫助我們在人生旅程中，分辨生命中所遭遇的荒謬與錯誤。「拋棄了謬誤，就更接近真理了！」

神掌管一切

從遠古人類就知道神的存在，不同的文化產生對神的不同認知，神是個靈，看不見、摸不著，卻確實存在，這是人的共識。信仰是從人們敬畏神、敬拜神、信靠神開始，人們相信神是高過於人的存在，甚至能控制大自然的一切。因此，天不下雨要求神，洪水成災也要求神，天災人禍要求神，風調雨順也要求神，神是掌管一切，不論大小事的神。不同的地方，崇拜不同的神，因此信仰也分成「多神信仰」、「單一神信仰」、「泛靈信仰」……等。信仰也是要慎思明辨作選擇的，因為靈有「善靈」和「惡靈」，神則有「好神」和「壞神」的說法，但是「壞神」也能稱為神嗎？許多信仰中，確實有好神、壞神，不好不壞的神，亦好亦壞的神。這些神感覺上和人也差不多，因為是人所造的神，自然充滿人性。

猶太教派哈雷迪

以色列的猶太教也分成許多派別，其中「哈雷迪」是最保守的一支。猶太教教徒認為他們的信仰和宗教常規，是直接傳承自先知摩西，全力守護著「猶太教原教旨主義」的堅持。為了避免「不純潔俗世」的污染，哈雷迪大多自成社群。他們拒絕學習現代科學，拒絕接受國家徵召當兵，拒絕從事現代經濟生產，拒絕放寬男尊女卑與節育的概念。他們男女所受的教育並不相同，男性研讀經典幾乎是一輩子的鑽研，終身不從事工作，即使成立家庭，依然如此。為了生活，女人外出打零工，成了普遍現象。由於教義推崇生養大批孩子，以致大多數哈雷迪家庭生活困苦，該族群有60%的人口，生活處於貧困線以下。

世襲的拉比

哈雷迪族遵守「恬淡度日」的守舊價值觀，並刻意與外在世界隔絕，不看電影、不看電視、不碰電腦、不接觸網路，和其他非我族類的人沒有交集，認為物質世界太腐敗、太物質化、太充滿誘惑而危險，所以他們按照拉比所教導的方式，過傳統的敬虔生活。拉比的地位特別高而且是世襲，代代相傳，如貴族一般。生活大大小小的事都要問拉比，拉比擁有權柄，以他說了算。哈雷迪其實更熟悉拉比說了什麼，而不是經文怎麼說。拉比被認為什麼都知道，因為拉比是最屬靈的人，甚至偉大的拉比死後，都可以持續教導。對信徒來說，偉大的拉比很神聖，而且他並沒有死。

拉比的醜聞

在以色列，「哈雷迪族」有其特別服飾裝扮，男人在耳邊兩側留有髮辮，頭上戴著黑色高帽，很容易辨視。近些年來，哈雷迪的拉比，因為性虐奴役醜聞被拘捕，其中包含他的妻子，還有 8 名協助囚禁虐待的婦人，也以共犯被拘捕。拉比有崇高地位，給人生活指引，也給人答案，人既不需要也沒有必要自己作選擇，只要照著規定來行就可以了。這位拉比，專門拉攏婦女和女童加入，被囚禁者遭受肉體虐待或淪為性奴。有些女童只有 5 歲至 11 歲，約有 50 多人共同居住。凡是住進來的人，必須與外界隔離，限制出入與來往對象，過著集體囚禁的生活。此外，工作的婦女，必須將全數所得上繳給拉比，因此警方破獲拉比住處時，發現大量現金。原來崇高的拉比竟是披著羊皮的狼，在不流通的社會階層，多少人暗自哭泣無人拯救？可見這個世界並沒有真正純淨的地方，人的罪性無所不在。即使讀遍猶太經典，嚴格恪守傳統信仰和禮俗，也無法抹滅人性的毒根。不管在任何時代，只要是人取代神或成了代言人，就是一個謊言的開始。

金錢是試金石

當一個人將自己高舉到如神一般，那肯定是謊言，神有能力創造萬事、萬物，而人可以嗎？人是受造物，天使是比人高的受造物，而人竟然想與神相提並論！這些人莫非是認同了想和神爭競搶靈魂的撒但，與其同一夥的魔鬼。越是接近末世，越是會有很多假基督、假先知、假預言來欺騙信徒，耶穌曾多次提醒過眾人。歷世歷代以來，一直充斥著這些虛假的人、事、物，想要以假亂真，必然有其目的。為什麼販賣假珠寶，因為其中有暴利。「金錢」是神給人的試金石，真金不怕火煉，只會越煉越純，而金錢能煉出人心的真實和虛假。為什麼出現假基督、假先知說、假預言，說穿了是為了金錢，因為有了金錢，就能擁有權力，享有名聲。

韓國新天地教會

韓國新天地教會的教主李萬熙，自稱是「聖靈保惠師」、「再臨基督」、「上帝指派的牧師」，因而人把他抬得跟神一樣高的位置。新天地信徒相信，李萬熙是耶穌的轉世，或是耶穌所派的使者，他們宣稱《聖經》中充滿著隱喻，只有李萬熙可以看懂和解釋。新天地信徒有十二萬人，教規中規定入會後，連向家人都不能提起一切有關教會的消息。教會以神學課程招攬信眾，再向學員洗腦，不僅慫恿信徒離家、捐獻財產，幹部甚至會潛入正統教會吸收信徒。在韓國，新天地教會是一個頗具爭議性的派別，教主宣稱將在審判日帶領信徒進入天堂，他是耶穌的繼承者，在韓國被視為「異端」或「邪教」，是披著基督教外衣的偽宗教。

教主李萬熙個人擁有可觀的財物、可議的名聲，但是仍有為數眾多的追隨者。眾多虔敬教友被玩弄在股掌之間，因為新冠疫情爆發，教會教友群聚感染，才廣為世人所熟知。在這個事件中，教會用近似直銷的手法，行銷宗教，「進天國」是行銷的品項。總總洗腦的教導中，教友相信教主的言論，勝過《聖經》教導，竟然認為隨意曲解《聖經》的教主，言論是正確無誤的，他們利用不容易讀懂的《啟示錄》

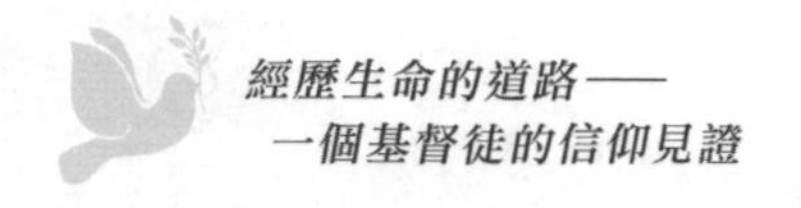

內容，來蒙騙教友信從他們的謬論。李萬熙被視為繼承耶穌的現世先知，身上有著耶穌的靈與肉體，所以不會死亡，他是奉差來帶領信徒進天國的使者。信徒不相信醫療，視身體的疾病為一種罪過，認為是因犯了罪才導致生病，所以只要多禱告就會好了。

李萬熙聲稱自己是耶穌轉世再臨，是耶穌的繼承者。他在這個世界的財產富可敵國，難怪活得像個國王，他的老婆有如王后，所到之處總有眾人前呼後擁，日常生活排場奢華。自稱牧者，卻是牧養自己的荷包，以及願意為他效犬馬之勞的共同獲益者。李萬熙在事情鬧大無法收拾之際，只好在眾人面前下跪謝罪！又是一個被拱得像神，跌落神壇的「假神」。《聖經》只有一本，每個人都能親手翻閱查考，凡與《聖經》描述有出入的皆不可信。

超自然的現象

世界各地皆有很多利用宗教來斂財的例子，屢見不鮮。人們對於看不見的靈，會心存害怕、恐懼、敬畏的心態，而許多「偽宗教」抓住人性的弱點，藉著看不見的靈來牟利。人對於看不見的存在，常會心生恐懼，認為自己無法勝過靈的攪擾，為免受到傷害，所以都存敬畏之心，奉為神祇來拜。正因為如此，讓有心人有機可趁！反正靈誰也看不見，就任由人來說。

以我的經驗，靈是確實存在的，我曾經飽受邪靈的攪擾，由牧師幫我驅逐出很多邪靈，當聖靈常駐我心，這些邪靈就再也近不了我身，攪擾不了我了！有了聖靈同在，根本不畏懼這些不屬神的靈，牠們非我族類，不會與我為伍。跟隨誰就屬誰，這是一點都沒有錯的。看一個人的言行舉止，就能知道，究竟信的是誰？

神是個靈，但並非靈都是神。真理的靈會說真理，邪惡的靈卻說謬誤，其實清楚可辨。當人接觸超自然現象時，不等於接觸的是神。撒但也是靈，牠是邪惡、謬誤的靈。假先知是屬世界的，屬撒但黑暗權勢的，存在的目的是為了和神搶靈魂，而邪靈只能影響裡面尚沒有聖靈內住的人。

在信仰多元的今日，同一宗教信仰，有多種派別不足為奇，應當學習辨別其間所存在的靈，是真理的靈或是謬誤的靈。一個人有聖靈內住，會往真理的道路行，而有邪靈內住的人，會往謬誤的道路行，由此清楚可辨。對一個宗教的領導者，「察其言，觀其行」才能知曉是否帶領信徒走向正確的道路。基督信仰，一定要親自讀經，才能分辨《聖經》中要傳達的正確信息。

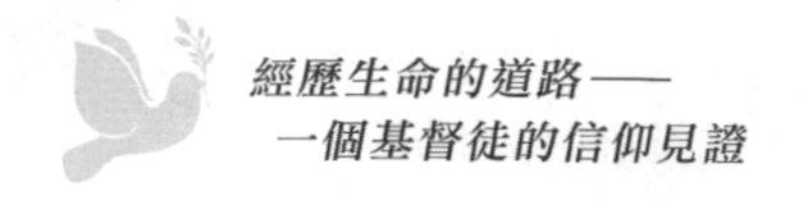

屬神而非屬人

初代教會，除了《舊約聖經》，尚無《新約聖經》。人們靠著口傳講福音訊息，因此很重視訊息的傳達，是否正確無誤！當《新約聖經》集結成書之後，人們可以閱讀文字來認識耶穌真理，保羅一定沒有想到，他所寫的書信，會成為日後信仰教導的依據。「**你們仍是屬肉體的，因為在你們中間有嫉妒、紛爭，這豈不是屬乎肉體，照著世人的樣子行嗎？有說，我是屬保羅的，我是屬亞波羅的，這豈不是你們和世人一樣嗎？亞波羅算什麼？保羅算什麼？無非是執事，照主所賜給他們各人的，引導你們相信。**」（哥林多前書三章 3-5 節）屬肉體的人，就是已經認識基督，也知道自己的生活，尚未完全顯出基督樣式的人，而且可能有人會說：「你的言行舉止如同一般人，我看不出你與其他人有何差別。」

保羅期待基督徒成熟長大，不要一直是長不大的嬰孩。嬰孩的另一個表現就是嫉妒紛爭，往往為了一點小事就吵得不可開交。保羅認為他和亞波羅都只是神的僕人，受神託付引導人來相信基督，人們不應過於高舉他們。「不要分門別派，大家都是屬神而非屬人的。」執事只是照管神的家（教會）的管家，保羅認為忠心的管家，是將神的道，完整傳遞給下一代，也確保他們持守福音的完整，再傳出去。

「基督徒」是稱呼信耶穌的人，是受洗歸於主的名下，遵主道而行的人。世界上歸信基督的基督徒為數甚多，基督教的派別也很多。一本《聖經》各自表述的情形很多，只取所需要來用的人也很多，明白《聖經》知識，卻行不出來的人更多。「**世人哪！耶和華已指示你何為善。祂向你所要的是什麼呢？只要你行公義、好憐憫、存謙卑的心，與你的神同行。**」（彌迦書六章8節）經文明白指出與神同行之人，必須行公義、好憐憫、存謙卑的心。行公義的人，懂得辯明是非，知道如何判斷不義，而挺身去做；好憐憫的人，會有同情心、同理心，為弱勢族群設想；存謙卑的心的人，內心和外表一樣謙和，願意放下身段，不居功。耶穌就是與神同行的好榜樣。屬神的人，當有神的樣式，這是清楚可辨的。

分辨謬誤的能力

一個人追求信仰，當要深思，當一個人走到生命的終點，他所信的信仰，是否能夠真正幫助他。我們所信仰的，當是一位真正的神。人就是人，人成不了神，再高的修為，也只不過是人而已。有許多人被高舉如神一般，也受到如神一般的被膜拜推崇，但他並不能為人類世界改變什麼！

今日惡劣的生存環境是人類自己造成的，當人們總為自己的成就沾沾自喜，「就聽不見萬物的哀鳴，見不到萬物的

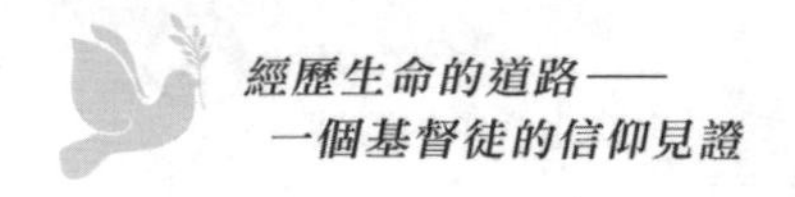

悲泣！」這些年來，神讓我有更多的看見，看見自己，看見別人，也看見身處的世界。不只用肉體的眼睛，也用屬靈的眼睛，不只用肉體的耳朵，也用屬靈的耳朵。我也使用這些來分辨生命中的謬誤，讓自己更接近真理，這是一生中最重要的能力。

第 9 篇

末世的警鐘

神為什麼容許災難發生？災難因何發生？大自然和人性是互相連結的，兩者都是神的創造。因而我們人類所做的事情會影響到大自然，而大自然發生的一切，也會對我們產生影響，所以大自然被破壞和人性墮落之間，有一個很微妙的連結，結果便是天災的發生。神既賜福也降災禍，神對兒女的態度，會是嘉許也會是懲罰。

世紀大瘟疫

2020 年是非常不平靜的一年。年初中國武漢發現了傳播力很強的新冠病毒，冬天原本就是各種流行性感冒好發的時期，這是病毒造成的廣泛性傳染。一個人的一生，誰沒有得過幾次流行性感冒？所以初始時大家是不以為意的，直到中國在一月底宣布武漢封城，才知這回的新冠病毒，不止傳播力驚人，致死率也驚人，遠遠超過流行性感冒！人們眼前所見，是每日燒不完的屍體，而染病人數也早已超過醫院能收治的範圍。中國蓋起巨型的方艙醫院，收治較為輕症的患者，而尚未來得及就醫就已經病故的人數，不可勝數。接著不止武漢，有更多地方陸續封城，很快地，世界各地都有人染疫，而且確診人數快速攀升。2020 年的一開始，就迎來了世紀瘟疫（大規模的流行病），全球七大洲很快地全部淪陷，無一倖免。

瘟疫向來都是令人聞之色變，自古以來，瘟疫常是災難的起頭，因為每次瘟疫都會造成人大量死亡。最類似此次疫情的「1918 年西班牙流感」大流行，初期就像一場普通流感，但是病毒很快就傳遍歐洲、美洲和亞洲，全球有超過四分之一的人口感染，1918～1920 年陸續爆發三波大流行，至少奪走 5000 萬人性命。2020 年「新冠肺炎」（COVID-19）則是因為全球便利的交通，很快遍佈全世界。2020 年 2

月～2021 年 9 月已經造成近 2.2 億人染疫，至少 455 萬人死亡，而這只是有送醫救治，有記錄可查的人數，來不及送醫就死亡，或是沒有能力就醫而病故者，則是永遠無法得知的黑數。1918 年西班牙流感和 2020 年新冠肺炎如出一轍，兩者有極高共通點，都是由呼吸道病毒引起，也都是從動物傳染到人類身上，傳播方式相同（飛沫、空氣），發病症狀也幾乎一樣。許多人感染後症狀極微，不經檢測幾乎不會察覺自己染疫，但是仍具有傳染力，因此需要隔離治療。隨著病毒不斷產生變異，且變異速度快速，變異病毒有更強的傳播能力，也更容易造成死亡。

研發疫苗問世

人類到近百年才知道「病毒」的存在！1918 年流感發生時，因為不知道病毒傳播方式及其存在方式，尚不知如何防患感染，因此造成大量人口死亡。一百年來，人們研發疫苗問世，有一些曾經造成大流行的致命疾病，例如：天花、麻疹、鼠疫、瘧疾、白喉、傷寒、霍亂、肺結核……等，都因施打疫苗，而大大降低罹病風險，有的甚至可以終身免疫。

病毒被視為介於生命和無生命之間灰色地帶的物質，它沒有辦法自行複製，但是一旦進入活細胞內又可以繁殖，而且會對宿主造成巨大的影響。科學定義生命，除了要有繁殖能力，必須是活體的狀態，會受到出生和死亡的限制。病毒的繁殖能力，完全靠宿主細胞提供所需的原料和能量。目前所知大部分的病毒都不是病原體，只是宿存而無害的，它們長期寄居在細胞內，維持蟄伏狀態，利用宿主細胞複製並繁殖自己。這些病毒發展出許多靈巧的辦法，為躲避宿主免疫系統的偵查，病毒幾乎都能做出改變和調控。病毒這種無法眼見的超級微小受造物，從單細胞生物到人類，只要有生命的地方，就有它的存在，而病毒影響了地球上所有的生命，經常決定何者才能生存。

創造主的奇妙，真是令人嘆為觀止，人類以為自己身處食物鏈的頂端沒有天敵，所以地球的人口數，除了戰爭（自相殘殺）造成人類大量死亡，沒想到竟然也操在這極微小的病毒身上，不禁令人感嘆：「看不見的敵人，是最可怕的敵人；看不見的代價，是最可怕的代價；看不見的力量，是最可怕的力量；看不見的懲罰，是最可怕的懲罰。」

面對世紀瘟疫

1918 年流感大流行時，人們尚不知如何防範受感染，因此造成 5000 萬人的死亡。這個死亡數字，一開始我也以為自己看錯，還再三確認，後來才恍然大悟！那是一百年前，人們把瘟疫視為無法避免的災難，除了讓感染人數達到一定程度，產生自然防疫效果，沒有更好的方法。「新冠肺炎」（COVID-19）一開始爆發時，許多國家也採用如此方法，未料疫情如野火燎原般，一發不可收拾，多位國家領導人竟也紛紛染疫，此時才改弦易轍，要求人民戴上口罩、減少外出，甚至相繼封城。

歐美人士一向認為，只有身染傳染疾病的人才需要戴口罩，沒有生病的人是不需要的；而東方人則是一聲令下就乖乖戴上口罩，不拿自己的生命開玩笑。反觀歐美人士，習慣偉大的個人主義，認為戴不戴口罩是個人自由，即使政府一再呼籲戴口罩是「保護自己也保護他人」，但是崇尚公民自由，對於自身權利不輕易讓步的人們，還為拒絕戴口罩而走上街頭抗議。當歐美地區許多首長，在媒體上氣極敗壞的大聲疾呼：「減少出門，配戴口罩，不要傳染給別人！」然而照樣吃、喝、玩、樂，不當一回事的大有人在，且為數不少，在自由主義當道的現今世代，服從不再是件容易的事。很多人認為政府管太多，自己能為自己負責，「生命」與「自由」，竟然很多人選擇後者，願意為捍衛自由而失去生命！

疫情超出想像

疫情一開始爆發，人們面對疫情的反應遠遠超出想像。

面對這場世紀瘟疫，有人戒慎恐懼、自律因應；也有人不當回事，毫不在意感染風險。有一位美國年輕運動員，用手摸遍確診者使用過的麥克風，還在鏡頭前洋洋得意扮鬼臉，結果不久後就確定染疫。有一位法國公車司機，因為遵守政府的防疫規定，禁止未戴口罩者上車，結果被一群為此不滿的年輕人圍毆致死。還有一群年輕人舉辦「新冠肺炎感染趴」，邀請染疫者到船上狂歡，如果因此而染疫者，將被視為「勇者」。這些驚世駭俗的行為，突顯年輕世代的離經叛道與愚昧無知，逞一時之勇，缺乏愛人愛己的心，讓人染疫是值得高興的事嗎？

疫苗開始施打

2021 年新冠肺炎疫情肆虐進入第二個年頭，疫苗終於在年初開始施打，但是疫情仍然十分嚴峻，見不到盡頭，西方國家疫情格外嚴重，與一開始的輕忽和防疫不力有關。一開始採用自然防疫措施，沒有限制人們行動的自由，為了戴不戴口罩爭執了許久，最後還是必須把口罩戴起來，如果不希望自己親近的人也受害的話，那甚少是基本的防護措施。結果一開始的自由，造成染疫人數大量產生，醫療幾乎癱瘓，連醫護人員也因搶救他人生命而染疫身亡，令人不勝唏噓。因為失控的染疫人數，政府單位不得不採取嚴格的限制措施，造成更久的封城和更久的生活不便。

就在疫苗施打近半年時間之際，西方國家政府為了達到全體免疫的目標，鼓勵民眾踴躍施打，想出很多奇招，送機票、送房子、抽大獎，原因是許多人擔心施打疫苗的副作用，而拒絕施打疫苗，人民和政府仍在角力。為了愛人的緣故，施打疫苗和戴上口罩一樣，既是保護自己也是保護他人。全球何時能擺脫疫情，就看我們為別人盡了多少力，事實上，幫助別人也正是在幫助自己，面對不斷變異的病毒，沒有人能置身事外！

美國的疫情

美國名列第一，染疫人數和死亡人數都位居第一，這和美國前總統川普的防疫態度大有關係。當時川普為了勝選，煽動選民熱情，帶頭不戴口罩，故意和防疫唱反調。美國疾病控制與預防中心一再表示，如果每個美國人都「馬上」開始戴口罩，那麼疫情將在兩個月內得到控制。戴口罩確實有助於阻止感染者，將病毒傳播給其他人，並有助於阻止病毒蔓延速度。當時贊成戴口罩的美國人只有 60%，有 40%表示反對，而川普是站在不戴口罩的那一方，他宣稱自己曾染疫，但那只是小事一樁，很快就又返回工作崗位，並說疫情並不嚴重，沒有什麼好怕的。川普口口聲聲要讓美國再次偉大，還拿本《聖經》在教堂前合影，說自己是虔誠的基督徒。同為基督徒，總覺得川普此舉對《聖經》是一種褻瀆。歷任美國總統都需手按《聖經》宣示就職，代表會遵從聖經教導、為民服務。川普為了個人的勝選，帶頭不戴口罩，參加造勢場合的支持者也不戴口罩，使支持者陷入染疫風險，豈會符合《聖經》教導？《聖經》教導我們：「愛是不加害予人的」。害人染疫，不是愛人的道理。

英國清教徒

英國清教徒因為受到迫害，而移民到美國大陸定居，早期以清教徒為主的移民，奠定了美國社會和美國精神的基調，並影響和主導美國主流文化和價值觀。清教徒是基督新教的一個派別，在新教徒眼中，他們肩負「拯救世界，捨我其誰」的使命與責任。正是這種動力，使他們在荒野中紮下根基，建立屬於自己的自由家園。他們崇尚自由、勤勞、務實、開拓進取，並把這種優良精神代代相傳。美國人始終堅信，他們的使命是以身作則地向全世界傳播自由和社會正義，美國人這種「救贖世界」的使命感，正是源於傳統的清教主義。他們限制一切縱慾、享樂，在商業中誠實守信、珍視信譽，具有對社會的回饋意識，擔當社會責任，扶持社會公正，為社會公益事業作出了巨大貢獻。

前總統川普無法使美國再一次偉大，因為美國早已遺失建國之初的價值觀！人的品性和操守，已遠離基督信仰，遠離《聖經》教導，他們早已丟失一切。以戴口罩為例，只要是出於愛人的心，就應該戴上口罩，凡是有良知的人，應當都不希望別人因自己受害，更何況戴口罩既保護他人也保護自己。

災難考驗人性

災難有時是考驗人性最好的方法，真理禁得起考驗，那是放諸四海皆準的真正道理。神為什麼容許災難發生？災難因何發生？大自然和人性是互相連結的，兩者都是神的創造。因而我們人類所做的事情會影響到大自然，而大自然發生的一切，也會對我們產生影響，所以大自然被破壞和人性墮落之間，有一個很微妙的連結，結果便是天災的發生。神既賜福也降災禍，神對兒女的態度，會是嘉許也會是懲罰。因此神施慈愛，也降下憤怒，因為正直、公義的神，憎恨邪惡，邪惡的存在是世上最不公義的事。所以當一切已經惡貫滿盈，再也沒有挽救的可能，神確實會除滅這些沉溺在罪惡裡，拒絕與罪惡隔絕或是從中被拯救的人。公義、正直既是神的天性，祂終究必要懲罰罪惡。所以離神越遠，就是靠撒但越近。人在危難時，如果他有信仰，必然會求告神！

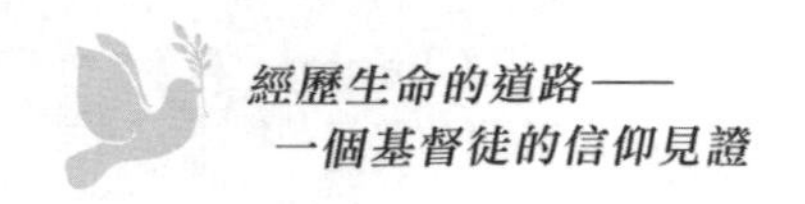

神允許災難發生

2020 年 1 月底疫情爆發後，中國開始封城鎖國，盡量避免病毒隨著人傳播地更遠更廣。當時確實造成各國政府和人民的恐慌，因為面臨的是，前所未遇的景況，難免令人心存恐懼。我在恐懼中禱告求問神，武漢肺炎（當時尚未正名為新冠肺炎，以發生地稱呼）這個世紀瘟疫是否來自於祂？神的答覆是肯定的。那天是 2020 年 2 月 29 日（四年只有一次），我對神的回覆感到驚訝！但是很快得到領會，神的作為，必然有祂的道理，既然是來自於神，就沒有什麼好擔心的，神會掌握災難的降臨，也會掌握災難的止息。

人類無法阻止災難的臨到，一場瘟疫，不會沒有緣由，看似突然發生的疫情，讓人們幾乎來不及因應。但是對於神而言，那是忍耐人們許久，再也難以忍受的具體作為。神一定會在災難中，讓我們看見些什麼？知道些什麼？進而做些什麼來改變現狀！人們確實應該反省，應該悔改，究竟在這地球上都做了些什麼！為了滿足某些人的奢華慾望，北歐養殖了大量的水貂，用來製作貂皮大衣，但水貂染疫（感染新冠病毒）因而遭到全部撲殺的命運。美麗的毛皮大衣，是要價不斐的奢侈品，但是將這樣多的生命穿在身上，難道沒有一絲罪惡感嗎？在紡織業如此進步的今日，要什麼保暖的衣物沒有呢？穿這些皮毛，只不過是為了滿足虛榮心而已。今年沒了水貂皮，就又打起其他物種的主意，不知誰會是下一個苦主？

疫情肆虐下的生活

新冠病毒肆虐下，造成大量人口染疫，很多國家封城鎖國，飛機停飛，輪船停駛，空中的交通、海上的交通、陸上的交通，處在停擺的狀態。人們被禁止任意外出，只能在家隔離，商店關門，工廠停工，學校關閉，工作不是停工就是改為在家上班，用遠距的視訊方式，進行會議，學校老師也以視訊方式進行遠距教學，一切都變得不再一樣。路上車輛少了，路上行人也少了，但是空氣變好了，污染變少了，大家開始節制慾望地過生活，用盡量簡單的方式度日，因此碳排放量急速降低，天變藍了，水變綠了，還有許多地方的馬路上，出現了野生動物逛大街的奇特景象。但是人總是要吃飯，很多人沒有隔夜糧，靠政府補助過生活，政府和人民都會垮掉，工人沒工作、僱主沒收入。當一切都停擺了，生活馬上就出現問題，生存（經濟）和防疫（保命）成了大對決。

現今地球有七十七億人口，卻有一半以上活在貧窮線以下，又貧又病是多麼艱難的人生啊！但是病毒並不偏待人，窮人因染疫而亡，富人也因染疫而亡。有很多知名的人物，在這場世紀瘟疫中喪命，屬世的「財富」、「權力」、「名聲」、「地位」頓時化為烏有。富人和窮人一樣沒能帶走什麼。此次疫情的死亡人數，已超過兩次世界大戰的死亡人數。無聲的戰爭，無法休兵，無法投降，無法和病毒打商量。疫苗雖然已經施打，但是疫情何時止息，誰也沒有把握。

神掌管一切

我相信一切都在神的掌握之中，災難何時止息，完全取決於神的決定。神是行公義、好憐憫的神，祂掌管一切所有的，包含小小的病毒。「愛必管教」，神因為愛我們而必須管教，從「戴口罩」這樣一件小小的事上，就可以看見人是何其悖逆！疫情轉眼超過一年了，西方世界的政府，還在呼籲人民要戴上口罩！東方的許多國家，人民願意順從戴上口罩，確實使疫情嚴重程度降低很多。當人越遠離神，行為就越脫序，人越是不順服，生命的挑戰就越大。神造萬物，只有墮落天使（撒但）和人類，天生悖逆神，不願意順服。神不喜悅，既悖逆又背恩的人們，自古以來，神不斷差遣先知，對人們說話，為的是不想滅絕人類，但是當人類惡貫滿盈的時候，神也就不再憐憫，只能執行公義了。《聖經》中約拿的故事，就是很好的例子。

自古以來（從神造人開始），神對人的道德（良知）操守（品格）是最看重的，因為神是恨惡罪行的神。但是人類從始祖亞當、夏娃起就開始犯罪，而人繁衍越多、罪行也越多，人聚集越多的地方罪行也越大。然而神是行公義、好憐憫，滿有慈愛的神，神要懲罰人類之前，必會差遣先知，告知人民所犯的罪，神懲治祂的子民，就猶如稱職的父母，會先以愛心屢屢耐心勸告，要行在正路上、不可與罪惡為伍，在子女偏行己路時，將其拉回到正確的道路上。「愛必管教」是真正出於愛的管教，沒有父母能眼見子女的罪行將毀掉自己的人生時，不想伸手拉他一把，即便是當頭棒喝，也要令其清醒。而神對祂的子女正是如此。《舊約聖經》中的《約拿書》是很多人耳熟能詳的故事，因為情節很離奇，且其中充滿神蹟（神的作為），故事很短，但寓意深長。

先知約拿的故事

約拿出生於公元前九世紀，耶羅波安二世統治以色列時期，耶和華揀選他作先知。約拿在歷史上是實實在在存在的人，在舊約《聖經》《列王紀下》十四章 25 節，就曾提及亞米太的兒子先知約拿。神選召他、使用他，讓他為神說出神要對人類說的話。而這些話不是約拿自己的意見和想法，乃是出於神的話語。

在《新約聖經》中，主耶穌基督多次引用《約拿書》，並且很肯定地使用約拿的服事，當作祂自己的預表。耶穌以約拿被丟進海裡，且被吞進魚肚子裡，經過三天之後，從魚肚子釋放出來，表明主耶穌的受死、埋葬，三天後死裡復活。「**當時，有幾個文士和法利賽人對耶穌說：『夫子，我們願意祢顯個神蹟給我們看。』耶穌回答說：『一個邪惡、淫亂的世代求看神蹟，除了先知約拿的神蹟之外，再也沒有神蹟給他們看。約拿三日三夜在大魚肚腹中，人子也要這樣三日三夜在地裡頭。當審判的時候，尼尼微人要起來定這世代的罪，因為尼尼微人聽了約拿所傳的就悔改了。看哪！在這裡有一人比約拿更大。』**」（馬太福音十二章 38-41 節）在福音書裡，耶穌行神蹟不是為了滿足人的好奇心，耶穌行過無數神蹟，都是有目的和用意的。祂用了無數的方式證明自己是神的兒子，祂來世上是為了拯救失喪的人。即使耶穌最後還為我們上了十字架，但是真心信服的，又有多少人呢？

約拿和耶穌都是歷史人物，並不是故事裡編造的人物。信與不信是最大關鍵，若是相信宇宙萬物都是由神所造，神至今日依舊掌管世界命運的走向。在神沒有難成的事，有神同在的地方，就有神蹟奇事發生，那麼約拿和耶穌的神蹟就不足為奇了。

我自己本身經歷過神出手相救的神蹟，因此願意為主差遣，為主所用。在新冠疫情仍然嚴峻的今日，罹病人數和死亡人數不斷攀升且與日俱增，有一日神提醒我再重新閱讀《約拿書》，而這一回有了神的光照，終於理解神拯救其子民的心意，努力到最後一刻。約拿是三千年前的先知，而他所傳講的訊息，到今日仍然合用，令我十分驚訝！神是掌管人類歷史的神，而今日神提醒世人莫忘《約拿書》。

神差遣約拿

「耶和華的話臨到亞米太的兒子約拿，說：『你起來往尼尼微大城去，向其中的居民呼喊，因為他們的惡達到我面前。』」（約拿書一章 1-2 節）尼尼微當時是亞述帝國的首都，卻是個充滿淫亂、貪婪、暴力的城市，是座罪惡之城。它惡名昭彰，已經令神感到憤怒，所以神差派先知約拿去警告他們。但是約拿拒絕接受神的託付，偏往神差他去的反方向逃走，他搭船往他處去躲避耶和華。約拿之所以違背神的命令，是因為他不願意自己國家的仇敵尼尼微，得到神的寬待。他希望尼尼微人被神審判，就此滅亡，不希望他們得救，所以他不肯去。約拿是個頗有個性的先知，但是神有說服他的辦法。

「然而耶和華使海中起大風，海就狂風大作，甚至船幾乎破壞。」（約拿書一章 4 節）**「船上的人彼此說：『來吧，我們掣籤，看看這災臨到我們是因誰的緣故，於是他們掣籤，掣出約拿來。』」**（約拿書一章 7 節）**「他對他們說：『你們將我抬起來，拋在海中，海就平靜了，我知道你**

們遭這大風，是因我的緣故。』」（約拿書一章12節）「**他們遂將約拿抬起，拋在海中，海的狂浪就平息了。**」（約拿書一章 15 節）「**耶和華安排一條大魚吞了約拿，他在魚腹中三日三夜。**」（約拿書一章 17 節）神時常不得已才管教我們，讓我們在痛苦中真正認識自己，並回轉向神。約拿被魚吞進去之後，在那裡經歷極深的黑暗，極深的恐懼，因而開始禱告呼求神。「**約拿在魚腹中禱告耶和華——他的神說：『我遭遇患難求告耶和華，祢就應允我；從陰間的深處呼求，祢就俯聽我的聲音。祢將我投下深淵，就是海的深處；大水環繞我，祢的波浪洪濤都漫過我身。』我說：『我從祢眼前雖被驅逐，我仍要仰望祢的聖殿。諸水環繞我，幾乎淹沒我，深淵圍住我，海草纏繞我的頭。我下到山根，地的門將我永遠關住。耶和華——我的神啊！祢卻將我的性命從坑中救出來。我心在我裡面發昏的時候，我就想念耶和華，我的禱告進入祢的聖殿，達到祢的面前。那信奉虛無之神的人，離棄憐愛他們的主。但我必用感謝的聲音獻祭與祢，我所許的願，我必償還。救恩出於耶和華。』耶和華吩咐魚，魚就把約拿吐在旱地上。**」（約拿書二章 1-10 節）在這段禱告的文字中，可以知道約拿當時已經溺斃，因為人在水裡，只要一分半鐘就會溺死，他被海草纏繞，生命正漸漸消逝，溺死前約拿想起神，一直以來所相信的神，並向祂呼求。

約拿在魚腹中三日三夜，神讓他經歷這一切，但救恩出於耶和華，當一個人願意認錯悔改，神必會拯救他。因而耶和華吩咐魚，魚就把約拿吐在旱地上。而約拿在魚腹中三日三夜，經歷了死而復活，當他被魚吐在旱地上時，他是活著的，神重新連結他的身心靈，讓他活過來。約拿知道他所經歷的是出於神，也明白神是有憐憫並施慈愛的神，只要他願意認錯悔改，神必然會拯救他。當他向神呼求並感謝神，神就聽了他的禱告。

約拿再次奉差遣

「耶和華的話，二次臨到約拿說：『你起來，往尼尼微大城去，向其中的居民宣告我所吩咐你的話。』約拿便照耶和華的話起來，往尼尼微去。這尼尼微是極大的城，有三日的路程，約拿進城走了一日，宣告說：『再等四十日，尼尼微必傾覆了！』尼尼微人信服神，便宣告禁食，從最大的到至小的都穿麻衣。這信息傳到尼尼微王的耳中，他就下了寶座，脫下朝服，披上麻布，坐在灰中。他又使人遍告尼尼通城說：『王和大臣有令，人不可嘗什麼，牲畜、牛羊不可吃草、不可喝水。人與牲畜都當披上麻布，人要切切求告神，各人回頭離開所行的惡道，丟棄手中的強暴。或者神轉意後悔，不發烈怒，使我們不至滅亡，也未可知。』於是神察看他們的行為，見他們離開惡道，祂就後悔，不把所說的災禍

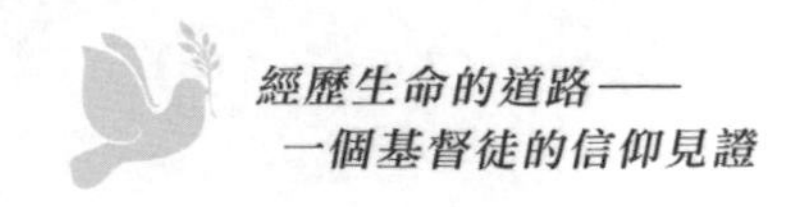

降與他們了。」（約拿書三章 1-10 節）當約拿再次奉神差遣，他很快順服的迅速前往，宣告神的警告：「再等四十日，尼尼微必傾覆了！」結果尼尼微從上到下，從老到小，甚至連牲畜都展現出認錯悔改的誠意。「尼尼微人信服神」這是極大改變的開始，他們相信神的話語與神的作為，相信神有權柄做這樣的事。他們知道神的審判是真實的，神要使尼尼微城傾覆了，所以願意披麻蒙灰迫切禱告，求神赦免，不把災禍降與他們！神宣告說尼尼微再過四十天，如果還不悔改，神必要毀滅他們。但是如果尼尼微人悔改，神還毀滅他們，就不符合神的本性了。約拿當然了解神的本性，祂是慈愛、憐憫、有恩典的神，如果罪人肯悔改，神就會赦免他們。

約拿大大不悅

「**這事約拿大大不悅，且甚發怒，就禱告耶和華說：『耶和華啊！我在本國的時候，豈不是這樣說嗎？我知道祢是有恩典，有憐憫的神，不輕易發怒，有豐盛的慈愛，並且後悔不降所說的災，所以我急速逃往他施去。』**」（約拿書四章 1-2 節）約拿雖然按照神的指示去尼尼微宣告：「再等四十日，尼尼微必傾覆了。」但他顯然很不滿意這部分。「於是神察看他們的行為，見他們離開惡道，祂就後悔，不把所說的災禍降與他們了。」亞述是歷史上以殘暴出名的國家，他們在擴展版圖時，征服手段十分殘暴，只要亞述覬覦哪個國家，那個國家的人就會嚇破膽。對於這樣的惡鄰居，約拿雖然完成神的託付，卻也對神使起性子。

「耶和華啊！現在求祢取我的命吧！因為我死了比活著還好。耶和華說：『你這樣發怒合乎理嗎？』於是約拿出城，坐在城的東邊，在那裡為自己搭了一座棚，坐在棚的蔭下，要看看那城究竟如何。耶和華神安排一棵蓖麻，使其發生高過約拿，影身遮蓋他的頭，救他脫離苦楚，約拿因這棵蓖麻大大喜樂。次日黎明，神卻安排一條蟲子，咬這蓖麻，以致枯槁。日頭出來的時候，神安排炎熱的東風，日頭曝曬約拿的頭，使他發昏，他就為自己求死，說：『我死了比活著好。』神對約拿說：『你因這棵蓖麻發怒合乎理嗎？』他說：『我發怒以至於死，都合乎理。』耶和華說：『這蓖麻不是你栽種的，也不是你培養的，一夜發生、一夜乾死，你尚且愛惜。何況這尼尼微大城，其中不能分辨左手右手的有十二萬多人，並有許多牲畜，我豈能不愛惜呢？』」（約拿書四章3-11節）神既賜福也降下災禍，而災難降臨是無法分辨誰是大人小孩的，地震、火山爆發、洪水、森林大火、颶風、瘟疫……等天災發生時，死亡是不分年齡的。而末日的景象，正是這些大災頻繁降臨，《聖經》的《啟示錄》裡有詳細記載。

神行使神蹟

約拿是神所揀選的先知，是能聽見神話語的人，也能和神溝通，他和神的關係必定十分親密，且約拿一定十分了解神，是一位怎樣的神，而神也非常了解，約拿是怎樣的人。

神對約拿行八項神蹟

①神差來暴風，引起海浪翻騰，船隻有翻覆的危險。
②船員掣籤，想找出是誰惹怒了神明，結果發現是約拿。
③船員把約拿丟出船外後，神就止息了翻騰的海浪。
④神差大魚吞食約拿。
⑤神讓大魚把約拿吐在陸地上。
⑥神安排一棵蓖麻樹，在一夕之間長出來。
⑦神安排一條蟲子咬這蓖麻樹的根，以致蓖麻樹立刻枯槁。
⑧神聞後差來炎熱的焚風。

約拿是比較有自己主見的先知，會和神使性子，神為了讓約拿無話可說，因此行使多達八項神蹟，使約拿終於願意順服神。「耶和華啊！我在本國的時候，豈不這樣說嗎？」約拿蒙召成為先知時，被神差去見以色列王耶羅波安二世，而這個王壞透了，專行神眼中看為惡的事。約拿向神抗議，說那是個壞王，神不該賜福給他。果然沒錯，神越賜福給他，他就越壞。這是約拿因何逃避神差他去尼尼微，因他認為憐憫不能幫助惡人改過。約拿不能忍受人占神的便宜，利用神的憐憫。他覺得這些人的悔改只是表面，不會持久。神告訴約拿，他有理由為那棵樹生氣，但他有理由為尼尼微城生氣嗎？那座城裡有十二萬個連左右手尚無法分辨的孩童，還有很多牲畜，難道神不該憐憫他們嗎？約拿不想看見亞述人逃過懲罰，他不明白神的憐憫，不明白神一再給人機會，盡可能延後懲罰。

那鴻先知時代

當然，神的耐性也有盡頭，在約拿的時代，神仍然對尼尼微有耐心，願意憐憫尼尼微。但祂不會永遠有耐心，一百五十年後那鴻先知的時代，亞述人仍難逃作惡多端、惡貫滿盈而被神剪除，持續七百五十年之久的亞述帝國頓時傾覆。約拿只是凡人，終究無法多活一百五十年，無法見到尼尼微如何被毀滅。神是預知未來的神，神掌管一切，人類無處躲避神的審判。「**禍哉，這流人血的城，充滿謊詐和強暴，搶奪的事總不止息。**」（那鴻書三章1節）「**耶和華是忌邪施報的神，耶和華施報大有忿怒，向祂的敵人施報，向祂的仇敵懷怒。耶和華不輕易發怒，大有能力，萬不以有罪的為無罪。**」（那鴻書一章2-3節）

神後悔造人

「耶和華見人在地上罪惡很大，終日所思想的盡都是惡。耶和華就後悔造人在地上，心中憂傷。」（創世記六章5-6 節）神竟然後悔造人在地上，並為此心中憂傷。人類有如地球上橫行無阻的癌細胞，並不輸給病毒變異的能力，當人類為了病毒的不斷變異焦頭爛額，其實人類也一樣快速失控。神曾經引發大洪水，世界各地很多地方，都有這樣的傳說，以目前古考發現，挪亞方舟的大洪水事件，不是傳說、不是故事，而是確有其事，天災源自於人禍，也是不爭的事實。神不捨毀滅所有人，而拯救了挪亞一家。神在幾千年來，也一直差派先知傳遞訊息，為的是多救一些人。

先知領受神的信息

先知都是很平凡的普通人，卻有不平凡的功能，能為神傳話，他們透過話語和圖像，領受神的信息。圖像有兩種：一、先知清醒時領受的圖像是「異象」，二、睡覺時領受的則是「異夢」。能為神發言的先知，必然能夠聽見神說話，先知必須先領受信息，才能夠傳講，神使用先知是透過身、心、靈不同管道臨到先知。神也可以把話語放進人的意念，好讓先知知道自己聽見了神的聲音，久而久之，先知就學會分辨哪些是從神來的意念，哪些是自己的意念。神也可向先知的靈說話，給他話語或感動，但他的悟性並不明白。比如，人用方言禱告時，神就向這人的靈說話，把話語放進他口中，但說的人並不明白自己在講什麼。神當然也可跳過靈和意念，直接向身體說話。不管用什麼方式領受，從神來的話語，是透過先知的口中說出來，傳給百姓。

先知領受的信息主要有兩種：一種是在人做錯時提醒人悔改。一種是在人做對時給他安慰。先知所傳講的神，是一位活著的神，與人有互動，且要我們在生活中與祂親近。萬事並非都已決定，那是宿命論。神是行公義、好憐憫的神，祂自有彈性，會視祂百姓的情況來調整。這是因何先知約拿和先知那鴻都是向尼尼微人，傳講神的訊息，結果卻大不相同。

末世的徵兆

連耶穌也無法知道世界末了會在何時到來，但是必然會先有徵兆，當世界各地陸續發生更頻繁的天災人禍，更反常的氣候現象，都使人活在更大的不確定當中。人們當要儆醒，這是自身的所作所為，引發了神的憤怒，所施予的管教！當我們遠離神，神也會遠離我們，身為父母最大的傷心，莫過於子女不懂得感謝！父母滿懷喜悅地將孩子養大，子女對父母只有要求沒有感謝。神和我們的關係也是這樣。神造萬物並供應一切，對於神所視如子女的人類，神給予治理這地、管理地上各種活物的權責。「**神就照著自己的形像造人，乃是照著祂的形像造男造女。神就賜福給他們，又對他們說：『要生養眾多，遍滿地面，治理這地，也要管理海裡的魚、空中的鳥和地上各種行動的活物。』**」（創世記一章 27-28 節）「人」被賦予這樣的權責（治理、管理），是緣自神對人的信任。而人對於神，並不這樣。神最不喜悅人的「悖逆」和「背恩」，身為父母對於子女的「悖逆」和「背恩」一樣傷透了心。

尼尼微殷鑑不遠

神數千年來差遣先知，苦口婆心的想要喚醒世人，然而末世的警鐘已敲響許久，而世人充耳不聞。「尼尼微人的殷鑑不遠」，而人依舊在考驗神的耐性。當災難成為常態，苦難也將成為常態。為什麼我們不願意反省，對於神託付給我們的地球環境、地球生物，我們究竟都做了什麼？唯有認錯，才會悔改；唯有悔改，才會改變！我們對於神的態度應該這樣：「尊重→感謝→道歉→請求→謝恩→悔改。」當所有人類都有這種領悟，或許神願意施予更大的救恩。人當有如此的智慧，在這將臨的末世，圖謀真正的益處，為了自己

也為了他人的益處。「末世景況」沒有最糟，只有更糟，而人終將束手無策。

災難將成常態

2020年是多災多難的一年，年初開始面臨新冠肺炎瘟疫浩劫，全球災情慘重。春夏交替之時，連續降下兩個月餘的大雨，造成中國、日本、韓國、印度、東南亞嚴重洪災，大水沖毀家園，人們流離失所。夏季炎熱高溫，引發世界多國森林大火，延燒數日，難以止息。冬季急凍，天氣十分嚴寒，北半球多國大雪成災，嚴酷的寒冬，低溫破了百年記錄，就連炎熱的撒哈拉沙漠也下雪，駱駝披上雪衣。2020～2021年經歷氣候十分異常的情況，氣象專家這樣說：「溫室效應擴大，全球暖化嚴重，異常氣候將成常態。」北極圈經歷前所未見的高溫，快速的融冰現象也出現在南極洲，災難遍及全球。無人希望身處多災多難的世界，但是這些即將成為常態。天災敲響著末世的警鐘，預言著人類，終將走向滅亡！災難臨到的迅速，往往超出人們的預期，2020年疫情發生之前，所有專家都沒有料想會有這樣的今日。在只相信專家而不相信神的今日，專家無法告訴我們明日將會如何？但是全知全能的神，會告知我們在世界的末了，要如何自處，與神共同度過。聰明的人，聽見了嗎？

多災多難是末世的景象，沒有人能知道自己的明日將會如何？每時刻是否能安然度過？資訊發達的年代，每日世界重大事件，很快躍上國際版面，不同的災難是人類生活的日常。近期有一則新聞吸引了我的目光：「南極的恩韋茨冰川被稱為末日冰川，座落在南極大陸西邊的冰蓋中心，現在卻面臨空前的崩塌融化危機，瑞典團隊透過耐寒水下機器人潛入南極的冰川下方進行探測，發現冰川下方竟然有三條通道，可以讓大西洋的暖流進入冰川底部，水流循環加速冰川消失，光是一條通道每年就會造成 75 平方公里的冰川融化，而一旦冰川消失，全球海平面將上升 3 公尺。」人類不知道的，遠比知道的部分多得多，當人類將觸角伸向宇宙，卻對自己腳下的這片土地，毫無所悉，即使知悉也解決不了問題，人類的明日將要如何？

第10篇

生命中最重要的一件事

「生命中最重要的一件事」是人生中最需要思考的申論題，是每一個在世為人，都需要去努力理解的人生功課。人生有不同的階段，每個階段有不同的人生重點，有時候來不及細細品味、細細思考、細細體驗，就一溜煙的過去了。「世上沒有後悔藥」、「千金難買早知道」，我們總是在事過境遷之後，才悄然大悟，原來人生應該那樣才對！生命不在於寬度或是廣度，也不在於又好又長，因為一切終將過去，而無人有能力帶走！

人生中的申論題

「生命中最重要的一件事」，這是人生中最需要思考的申論題，是每一個在世為人，都需要去努力理解的人生功課。人生有不同的階段，不同階段有不同的人生重點，要選出一件最重要的實屬不易，因為生命中有太多重要的事，有時候來不及細細品味、細細思考、細細體驗，就一溜煙的過去了。「世上沒有後悔藥」、「千金難買早知道」，我們總是在事過境遷之後，才恍然大悟，原來人生應該那樣才對！錯過就是錯過了，而且還是永遠！生命不在於寬度或是廣度，也不在於又好又長，因為一切終將過去，而無人有能力帶走！

亞歷山大大帝征服橫跨歐、亞、非的大帝國，他的父親曾經對他說：「啊！我兒！去找一個配得上你的王國吧！馬其頓對你而言實在太小了。」在他小小年紀時父親就看出他的不凡潛質，而亞歷山大也不負父親的期待，展開為期十年的亞歷山大東征。亞歷山大果然不負眾望，攻城掠地，有了十分龐大的領土，但在他 33 歲那年因一場疾病而離世。那麼努力打下來的江山，一寸也無法帶走，人生總是禍福難料。

罪惡之城所多瑪

在《聖經》《創世紀》中，耶和華對亞伯蘭說：「你要離開本地、本族、父家，往我所要指示你的地去。我必叫你成為大國，我必賜福給你，叫你的名為大，你也要叫別人得福。」亞伯蘭（亞伯拉罕）就照著神的吩咐去了，他的姪兒羅得也和他同去，後來因為亞伯蘭和羅得都有牛群、羊群、帳棚，人口增多之後，地方不能同時容下他們。因此，亞伯蘭就對羅得說：「你我不可相爭，你的牧人和我的牧人也不可相爭，因為我們是骨肉。我們分開來居住，你向左、我就向右，你向右、我就向左。」亞伯蘭雖是叔叔，但是他讓姪兒先選，羅得選擇的是約旦河的全平原，那裡的土地滋潤肥沃，生活比較容易，他漸漸挪移帳棚，直到所多瑪。而亞伯蘭住在迦南地，土地比較貧瘠，生活比較不易。

神降天譴

在多年之後，所多瑪這個城邑，因為豐衣足食，使他們縱情聲色、歡慾無度，他們污穢的心，終日所思盡是邪思惡念，所行盡是暴虐、淫行，耽溺男色不能自拔，連神所差的使者，都是所多瑪人想殘害、姦淫的對象。所多瑪人在耶和華面前罪大惡極。神遣天火從天而降，燒毀了所多瑪、蛾摩拉……等城。神降天譴就是罪惡之城的報應。所多瑪人，因為生活富裕，驕奢淫逸，認為單靠自己能力就能將日子過得很好，因此幾乎不再虔信神。他們褻瀆神、嘲笑神、貪戀罪中之樂，而不知恥。他們自以為是、不信神言、不聽勸誡、沒有同情心、畏強凌弱。一切天譴都源自人類的貪慾和自私、淫行和邪念。

《申命記》中，被天火所焚毀的，除了所多瑪及蛾摩拉之外，押瑪和洗扁亦遭同運。「天火」是指從天而降的大火焚燒。歷年來史學家頗為質疑，皆認為是火山爆發造成的毀滅，但是從天而降和由地底發出是截然不同的方式。近些年來的最新研究報告，證明《聖經》記載是正確的。

所多瑪與蛾摩拉

在探索頻道播出的《聖經的祕密——所多瑪與蛾摩拉》節目中，以科學角度（考古學、天文學、地質學）來研究並推測索多瑪與蛾摩拉為何毀滅。內容如下：在西元前 3123 年 6 月 29 日清晨 4 點 30 分左右，有一枚小行星進入地球大氣層，在南歐阿爾卑斯山上空爆炸，造成碎屑進入大氣層與空氣摩擦後，並在死海地區降下大量隕石火球，造成死海周邊城市的毀滅。在古城尼尼微遺址東方 600 哩處，發現了一件古蘇美文化的星相泥盤，此泥盤在 18 世紀出土，目前收藏於大英博物館。上面寫滿楔形文字，泥盤上記錄了當晚的星相，天文與解密工程師幾乎能辨識出各星座，但有一未知圖形及楔形文字困擾著他們。大英博物館召集了一組專家解讀出來，文字的譯文為「發光物體急速飛過」。其由雙魚座方向穿過飛馬座，再由天鷹座，墜落於地平線。科學家計算出其非直接撞上死海附近，而是撞擊奧地利的阿爾卑斯山。因其並非直接撞擊地球，而是在山脈上方爆炸。其威力是核武的 100 倍，產生了砂石塵土混雜的蕈狀雲噴向數百哩的高空，瀰漫了整個地中海地區。接著大體積的碎石，再從高空中落下，與大氣層摩擦，產生了大量隕石、火球，落在離爆炸地點 1500 哩外的死海地區。使死海地區在 1 秒鐘內，地表溫度飆高到攝氏 400 度，被火球直接砸到的人，瞬間燃燒死亡。此次撞擊影響了全世界，大量煙塵覆蓋了整個大氣層，長達數月之久。古氣候學家在南極洲、中國西藏、智利等冰層中找到撞擊證據。全世界在約 5200 年前，氣候遽變，許多地方短時間被冰封。原本富饒的中東化為沙漠，都和此次事件有關。

聖經中的創世記

《聖經》中的《創世記》提供兩個說明：第一個事實是，人所居住的世界極其榮美，無比複雜，多采多姿；第二

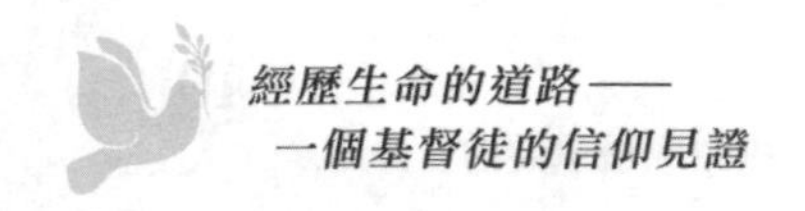

個事實是，人破壞了這個世界。「創世記」的希伯來文名稱是「起初」，這卷書的確包含許多事情的起源。《創世記》不但論及起源，也處理生命的終極問題。宇宙始自何方？我們為何來到世上？為何人必有一死？唯一能夠真正為我們解答這些問題的，就是創造者神自己，只有祂能告訴我們，惡從何來，人間為何多災多難。在《創世記》中說明神的創造：物質的創造、生命的創造，並特別強調人的創造，人是特別的受造物，因為人是照著神的形象所造，直接出自塵土，並非間接出於其他動物。神從一本（血脈）造出萬族的人，《創世記》的記載也強調人類源自同一血脈。

世界最早的文明

從亞當到亞伯拉罕，大約經歷了一萬五千多年。新石器時代的人類，大約是指一萬兩千年以前的人類，以磨製石器和製作陶器為主，人類開始從事農業、畜牧業、製作手工業，都是從西亞開始。西亞最早進入新石器時代的利凡特（今以色列、巴勒斯坦、黎巴嫩、敘利亞、土耳其）就是兩河流域的肥沃月灣這一地區，具有典型的地中海氣候，冬季多雨潮溼，夏季炎熱乾爆，有適於栽培的野生穀物和易於馴養的動物。人類將植物的果實種子加以播種，並把野生動物馴服提供食用。人類不再只依賴大自然提供食物（採集），開始農耕時期，當人類長期定居某處，文明誕生了！

亞西是人類四大文明古國中最早誕生，且歷時最為久遠的。那裡發現最早出現的穀物，經過鑑定證實，當時人類也能製作陶器（容器）、織物（衣服）、建築（房屋），穴式房屋是人類史上最早的建築。這些都和《聖經》描述不謀而合。人類是聰明的物種，一旦群居就會製造出許多事端來，當時人們有相同的語言，眾人合力建造巴別塔，想要以此通天，因而神只好變亂人的口音，使人不再能聚集溝通，而分散到世界各地去。

蘇美爾文明

1877年蘇美爾文化遺址被發現，且認定是目前所知最古老的文明。「美索不達米亞」意即「兩河之間」，這個地區在大約一百五十萬年前，就有了人類的足跡。在距今一萬五千年前左右，形成了定居的村落，有了初期的文明。《聖經》記載亞當被逐出伊甸園之後，人類開始有了死亡，因為人類不再能吃生命樹的果子，所以無法和神一樣永生不死亡。在大洪水之前人類都很長壽，而在洪水之後就快速變短了。由亞當被逐出伊甸園至亞伯拉罕時代，大約經歷了一萬五千年。蘇美爾人被稱為「黑頭髮」的人，有許多令人匪夷所思的創作，產生了蘇美爾文明。當文物一一被挖掘出土，

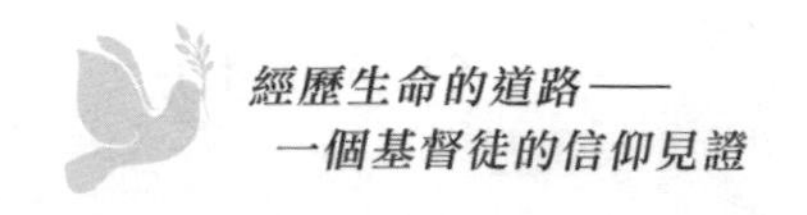

因為刻有文字的泥版，數量非常多，經過研讀辨視，關於蘇美爾文明的種種逐漸被還原，以現代科技鑑別年代，發現是距今最早的文明。當傳說不再是傳說，而是能夠證明的事實，現今人類又該如何面對？考古學者已經證實，大洪水是真有其事，就是《聖經》中挪亞方舟的記載。

蘇美爾歷史文獻「蘇美王表」，記載了大洪水前後的王（領導者），在大洪水之前的壽命及在位其間都很長，都是以數百年計算，而王的壽命也有上千年。但在大洪水之後的王，其在位期間只有數十年，王的壽命也明顯縮短到百年左右，這究竟是什麼緣故？難道人的品種不一樣了？還是神讓人不一樣了？《創世記》曾有關於巨人的記載，而人類早期遍佈巨石文化，包括金字塔、巨石陣……等。現今世界各地紛紛挖出 3～5 公尺高的巨人遺骸，證實巨人曾經存在這地球上。這就比較能理解因何很多古老遺蹟都很巨大，又高又重的人類，當然有更大的力量來搬移物品。

神呼召亞伯拉罕

亞當、夏娃是人類的共同祖先，亞伯拉罕是被神呼召，而離開本地本家移居迦南地，而他是猶太民族的始祖，神揀選了這個位處世界重要位置的小國，必然有祂的緣故。《聖經》中記載的原型與蘇美文化傳說有緊密關係。蘇美文化是多神信仰，世界上眾多宗教也與此有關連，祆教、猶太教、基督教、伊斯蘭教乃至佛教、印度教，都曾和兩河流域有所淵源。這片沒有天然屏障的美索不達米亞大平原，因為爭奪資源，戰亂頻頻，大大小小戰爭不計其數，而《舊約聖經》所講述的場景，正是這樣的一個地方。亞伯拉罕（亞伯蘭）的故鄉烏爾是一個富裕的城市，擁有良好的生活條件。亞伯拉罕卻願意被耶和華神呼召，去一個連自己都不知道的地方，神要亞伯拉罕單單敬拜祂，因為祂才是真正的唯一真神。亞伯拉罕的順服，正是蒙神揀選且蒙神賜福的原因。他同時是包括希伯來人和阿拉伯人在內的閃米特人的共同祖先。他的兒子以撒是猶太人的祖先，以實瑪利是阿拉伯人的祖先。

聖經是神的話語

《聖經》是由舊約三十九卷書及新約二十七卷書構成的六十六卷「叢書」，由不同的作者所寫，包含許多種文體。通常，神會給作者默示，由作者發揮自己的性情、記憶、觀點，形塑神的道。而神的靈完全掌管這個過程，讓作者寫出來的結果就是神要的。《聖經》一啟幕，神就在那裡了，因為在宇宙形成之前，祂已存在。宇宙存在之前，必然已有一個永恆的存在，而《聖經》清楚指出，那一位就是神。祂一

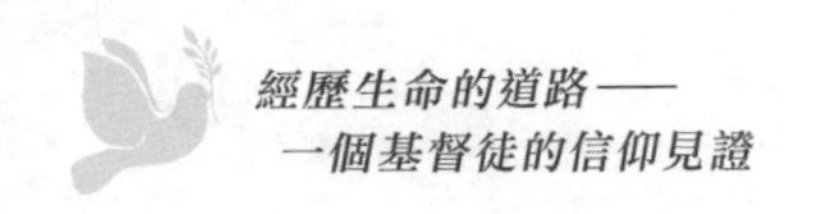

直在，永遠都在，祂是那永存、永在的神。

神既然一直都在，需要說明的是其他萬物因何存在？奇妙的食物鏈環環相扣，才能維持平衡。我們知道如果引進外來物種，因為沒有天敵，就會造成食物鏈失衡，有些物種太過龐大，而有些物種會滅絕。而人類雖然身處食物鏈頂端，但是真的沒有天敵嗎？瘟疫的病毒就是人類的天敵，還是看不見的天敵，而看不見的敵人，是更可怕的敵人，因為它們的變異速度，遠超過人們理解的範圍。

隨著 DNA 的發現，大大改變了我們對生命的看法，因為現在我們知道，最早的生命形式已有最複雜的DNA。連病毒的變異都是由 DNA 分辨出，其排序並不相同。DNA 是一套語言，將信息一代又一代傳遞下去，可見背後必有一位設計者，讓各個物種，各從其類，維持大自然和諧穩定的關係。

《聖經》是一本告訴我們世界出了什麼差錯，如何才能導回正軌的書。書中一再告訴人們問題出在何處，神要如何拯救有罪的人脫離罪惡，讓生命獲得救贖！神之所以揀選以色列這個小小的國家，因為人性是自古皆然的，神使用以色列人及迦南這片土地，一定是有緣由的。它是全世界的縮影，像一齣戲在世界舞台上放映。為了聚焦在其身上，神的光正照著以色列民，為讓人看懂這齣歷史大戲，一切在神的光照下無所遁形。舞台、演員、陣容、情節……無不全備，它啟示著人們別再犯同樣的錯誤。以色列雖小，卻是經歷著神的各樣「祝福」和「咒詛」。

神對祂所揀選的子民，基本要求就是「專一」和「順服」。「專一」是指定睛耶和華，敬拜耶和華，不再拜其他的神；「順服」是遵行神的旨意，依照神的律法而行。以色列位居世界的十字路口，歐、亞、非洲的人在此地來來往往，交換物品也交換訊息。因而以色列人經歷了各種「試煉」和「試探」，試煉是外在環境的考驗，試探是內在心靈的誘惑。神差遣了先知一再對以色列民說話，但是人們大多不當回事，他們愛聽假先知的謊言，不愛聽真先知的真話，因此經常遭災。

四大文明古國

在人類歷史上，人類分為開化、未開化、文明、不文明，我們稱開化為文明、未開化為不文明。四大文明古國：古中國、古印度、古埃及、美索不達米亞（蘇美爾）。文明代表人因為各項發明改善了生活環境，人們過上了更好更富足的生活，文明是人類群居的產物，人類是很有模仿和學習能力的動物，能夠製造器具並加以發明和改良，讓器物使用起來更便利且更有效率。「城市」從來都是文明的搖籃，卻也是一切慾望的源頭。人類有了「知識」，就變得「聰明」，有了「聰明」就變得「驕傲」，而驕傲使人目空一切，全然

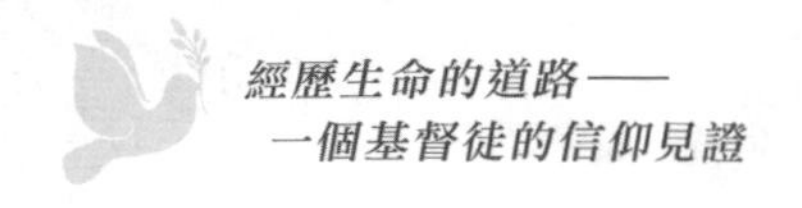

以人自己為中心，把神遠遠丟在腦後。人的本性和私慾盡顯無遺，「強凌弱、大欺小」、「不以所有為足」、「貪戀他人財物」，掠奪成為這片肥沃土地的日常，侵略者從來都是強者，燒、殺、擄、掠是家常便飯。再再令人產生質疑，究竟什麼才是真正的文明？什麼才叫野蠻？往往侵略者才是真正的野蠻，而不是未開化者。

迦南這片土地上，埃及、波斯、亞述、巴比倫，對人以暴制暴，手段一個比一個兇殘。有人類的地方就有大大小小不同名目的爭戰，為爭而戰，即使有了高度文明，仍然無法避免戰爭，甚至助長戰爭，多的是以文明為名的野蠻人。侵略者的本質，並不是為了改變世界，而是為了獲取利益，即使高舉公義大旗的侵略者，其行徑實則和盜匪沒有兩樣。人不會打沒有目的的仗，侵略者為了滿足自己的私慾，為了權力和利益，不惜以他人生命作為代價。

列強的殖民地

人們經歷了第一次世界大戰和第二次世界大戰。飛機的發明，首先竟是軍事用途，用來侵犯他國的領土。當全世界多個國家都捲入戰爭，究竟是為了什麼？打下你就成為我的，打到哪裡就殖民到哪裡。船艦的發明也是為了這些目的，從西班牙艦隊開始，之後英國也以艦隊加入殖民戰局，原來所有的強權，都是為了奪取別人的土地，而發動了無數次的戰爭。「人為刀俎，我為魚肉」，世界上的貧弱國家，生殺大權全掌握在強國手中，自己處在被宰割的地位。強國為了搶奪資源而來，榨取殖民地人民的一切。槍砲彈藥的發明，戰爭可以打得更遠，死傷也更為慘重。「利」字當頭，大家爭先恐後，唯恐後退了就搶不到先機，佔不到最大利益。

每一個國家都想將自己的國土延伸到最大。英國的日不落國，全世界遍地都是歐洲強國的殖民地，大家都想成為另一個亞歷山大，征服最大最廣的土地，完全不管他人的死活。神教導我們「不可殺人」，即使號稱以基督教立國的多數歐洲國家，神的話也是聽聽就好，不必當真！沒有人在意神怎麼看我們人類的作為。因為不相信有神的人，比起相信有神的人，要多上很多，所以人類歷史只會不斷循環，沒有改變的可能。

貿易大戰開打

距離 1945 年第二次世界大戰結束，至今也只不過才七十六年的時間。戰後嬰兒潮，至今世界人口有七十七億人，大都屬於開發中或未開發的階段。已開發國家是指經濟和社會發展水準較高，人民生活水準較高的國家，又稱作高經濟開發國家。已開發國家的 GDP 佔世界 61%，購買力為 43%，人口佔世界比例15%。第二次世界大戰結束之後，人們現今的爭戰方式，已經從武力競爭，變成經濟力的競爭。不變的是，仍然以「利益」為最高「爭奪」原則，貿易大戰開打，銀彈取代了子彈，但仍然廝殺慘烈。每個國家都想為自己謀取有利的貿易條件，而犧牲別人的條件。人仍然自私且自利，從新冠疫苗的研發到施打過程，又是一個有錢人爭奪資源的戰場。

現今病毒已遍佈世界各地，罹病人數及死亡人數已十分可觀，大家期待疫苗施打普及之後，能將疫情控制下來。每天都有很多人因罹病死亡，各國政府束手無策。又窮、又弱、又小的國家，自古以來都是犧牲者，因為他們的力量小、聲量小，他們的聲音很難被聽見，即使被聽見，也不見得會有人理會。這是現實世界的現況，人類窮其一生累積更多財富，不就是為了這樣的一天嗎？當災難來臨，用金錢來卡上好位，美國富人能優先施打疫苗，這就是資本主義的優先原則，有錢的、有勢的，不止可以優先，還可以搶先！

焚燒亞馬遜雨林

近十年來，巴西的亞馬遜雨林，遭逢頻率越來越高的森林大火。綠色和平組織指出：「亞馬遜大火不是天災，而是由非法土地掠奪者與農民縱火毀林，只為了擴展大型農業而清空林地，有些土地為了飼養牛隻，提供大量的牛肉出口。」巴西政府睜眼說瞎話，否認亞馬遜正陷入大火危機，是政府在縱容人民的作為，人民能取得用地，正是官商勾結的成果。政府與人民只為了金錢利益，偷竊的是全球人類的健康，引發生態浩劫，人類是最惡質的山老鼠。「亞馬遜雨林是地球的肺」，它是全球最大的雨林，砍伐森林與焚燒森林，使得雨林快速的消失，使得地球氣候變遷加劇，溫室效應更為嚴重。亞馬遜雨林對於減緩氣候危機扮演重大角色，每年從大氣中吸收的二氧化碳，佔全球森林的 20%～25%，失去雨林也失去人類生機，造成物種滅絕。

人類嚴重破壞大自然生態的平衡，神怎麼能夠不憤怒？神造世界萬物的起初，在神眼中都是好的。但是交在人的手中，目前是滿目瘡痍、慘不忍睹，在許多空拍畫面中，我們清楚看見人所作為的一切。神位在高處，祂甚至清楚看見，是誰為了金錢出賣了地球環境，是環境的劊子手。

憐憫人的神

二千年前，耶穌為了拯救百姓而來，祂是和平君王，為救贖人們的生命而來。當時神對人尚有憐憫之心，因此耶穌苦口婆心講道三年半的時間，回顧耶穌醫治和行神蹟的動機，是為了證明祂是神子。為了彰顯神的真理，並且具體表

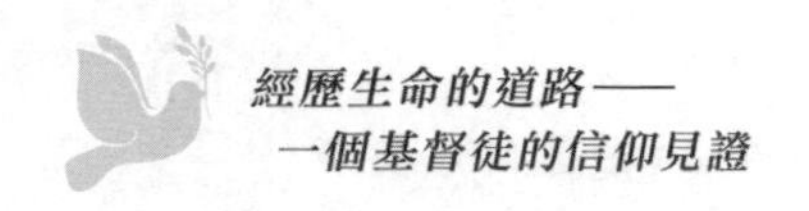

達對受苦者的憐憫，讓在這世界受盡苦難的人，有永生的盼望。但是以色列人所盼望的彌賽亞，是一位帶兵打仗的君王，而耶穌豈會用殺人的方式來榮耀神？「一將成名萬骨枯」，成功是用很多人的生命換來的，憐憫人的神，豈會做這樣的事？

耶穌因為不符合眾人的預期，而被送上了十字架，在臨死前。「**當下耶穌說：『父啊，赦免他們！因為他們所做的，他們不曉得。』兵丁就拈鬮分他的衣服。**」（路加福音二十三章 34 節）即使在這樣的時刻，耶穌仍然選擇寬恕這些人。在人的世界一定是以暴制暴、以牙還牙。仇恨一旦產生，便是冤冤相報，沒完沒了的。耶穌教導人要饒恕人，才能被天父饒恕。但是眾人皆承認，這是很難的人生功課，能夠真正做到的人並不多。

謀取最大的利益

人類歷史同室操戈的戲碼，從來沒有少過，王家子弟爭王位，富家子弟爭財產。利之所趨，不爭才怪，沒有禮讓這回事，都是當仁不讓，而且認為自己才是「仁者」。動刀動槍，用盡心機的「仁者」，即使機關算盡，結局仍不脫離成王敗寇的命運，而這就是人所熟悉的世界。世界雖然很大，但是人的行為模式，卻總不出那幾樣，因為人性是相同的。

地心引力告訴我們從高處往下跳，會受傷甚至死亡。而神的律告訴我們，偏離神的道路越遠，就越不安全，離平安越遠，離喜樂也越遠。神呼召每一個基督徒，都要以《聖經》的原則來作智慧的選擇，並以《聖經》原則作為忠告來幫助人。神教導人去體恤別人的需要與軟弱，濟弱扶傾才是神的道理。但是人的世界並不這樣，弱肉強食、強欺凌弱是人類的叢林法則。從古至今，世界舞台換了多少幕，但是場景變了，人卻絲毫沒有變。爭權奪利的戲碼，總不缺少題材，為今生謀取最大的利益，是很多人在世為人的主要目標。「人往高處爬，水往低處流。」這是必然的。

為牟利益不擇手段

全世界人們的每日，都在努力的賺取金錢，金錢除了改善生活也改變社會地位。因此現代人為了賺錢，已經越來越不擇手段了，殷實商人很少，無良商人卻很多。為了自己的利益，葬送他人健康的事，時有所聞。很多不該進入人體的化學合成物，進入人類五臟六腑。為了節省成本，為了更大的獲利，製造這些商品的人，會不知道這些東西對人體有害嗎？他們當然知道啊！但是唯利是圖是商人本色，做生意就是為了賺錢，不然還圖什麼？人做事一定有所圖，不然沒有動力，只是每個人的動機不同，所圖的也就不同了。

古有明訓：「害人之心不可有，防人之心不可無。」我們現在處在相互毒害的世界，而且還是相互間彼此交流學習。這是一個虛謊的世代，毒素就是毒素，竟然還有所謂「安全食用標準」。萊克多巴胺（瘦肉精）是一種藥品，藥品當然不是可以亂吃的，問題是它為什麼會進入牛、豬的身體裡？是因為人們喜歡瘦肉不喜歡肥肉，所以商人把瘦肉精的成份加入牛、豬的飼料裡，讓牠們多長瘦肉、少長肥肉，符合人們的需求。抗生素也是藥品，成長素也是藥品，為了降低飼養的動物死亡，並增快生長速度，所以原本不應存在的成份，通通進了人們的腹中，累在身體裡面。蔬菜、水果的農藥超標也時有所聞，人工加工食品中，更是添加了很多人工色素、防腐劑、人工甘味料，有毒物質積少成多，每一天到底有多少不應進入人體的物質進入，無人知曉。現在連塑膠微粒，都能透過各種管道（水源、海裡的魚類）進入我們的身體裡；塑膠微粒十分微小，不容易代謝出來。當人類的癌症時鐘不斷往前撥，那是因為我們的環境越來越不良，空氣污染嚴重，水源污染嚴重，是無法避免也無法逃避的。

海洋回收場

「今日的商品、明日的垃圾。」人類的工廠製造出前所未有的大量產品，這些都是明日的垃圾。人類倚賴這些商品，只能禍福相依，再也無法走回頭路了。現在海洋成了最大的回收場，所有人類丟棄的垃圾在那裡都找得到。我們總是認為，別人把世界搞得一團糟，使得我們其他人無法忍受，但是我們自己也是造成問題的原因，生存在這個地球，誰也不能置身事外！

《明天過後》真實上演

當氣候異常幾乎已成常態，「聖嬰現象」、「反聖嬰現象」，動不動就創歷年最高溫，創歷年最低溫，在在超出人們想像。美國德州上演電影《明天過後》的真實場景，原本處在較為溫暖地區，二月份受到冰風暴侵襲，出現創百年低溫記錄，酷寒癱瘓供電網，水管爆裂無水可用。停電、停水讓三百萬居民苦不堪言，極端氣候不斷出現，環保少女拍片疾呼：「各國再不加快減碳，大家就等著住火星了！」《明天過後》是部災難電影，每個坐在電影院觀賞的觀眾，一定無法想像真實的景況竟會發生在自己身上，我們以為災難電影，情節一定會誇大，怎料現實更加殘酷，有過之而無不及！

地球環境確實日新月異，歷史的場景像在加速快轉。兩百多年前的工業大革命，改變人類生活，勝過過去的幾千年，短期間對地球環境的破壞，也勝過過去的幾千年。人類把所製造的垃圾丟給大自然，大自然以另一種方式回到我們身上。這不只是大自然的反撲，而是自作聰明的人類，合力製造了自己也無法解決的難題。

人類明明是後知後覺的，卻總以為自己是先知先覺，能夠引領風潮，能夠控制世界。每一個富可敵國的企業家，如果要求他們必須負責回收處理自己所製造的商品，那麼每一個企業都會倒閉。因為製造容易，回收困難，且要花費更多的金錢來處理，「殺頭的生意有人做，賠本的生意無人做！」所以問題就丟給政府吧！反正政府經常換人做，這一任丟給下一任，下一任再丟給下下一任，政權總是會有人接手，但不一定能解決問題，因為我們終究只不過是人。

回到當初的美好

神為我們創造的環境都是對人有益的，萬事萬物都能維持一個平衡。五十多年前的台灣社會，人們可以自給自足，米是自己種的，蔬菜水果也是自己種的，雞、鴨、鵝、豬、牛都是自己養的，人們不吃牛，因為牠是工作的伙伴。那時候垃圾很少，人吃剩的食物就拿來餵雞、鴨或是餵豬，一點也不浪費，人吃什麼，牠們也吃什麼。包裹東西的紙袋，不只可以回收再利用，也能當燃料，而大灶裡的灰燼可以成為肥料。那時候的人們十分勤儉，在物力維艱的年代，勤儉是美德，人們過著簡樸的生活，心靈卻是富足的。逢年過節殺隻豬，左右鄰居、親戚朋友，都能分塊肉解饞，禮尚往來，誰家殺豬都會互相分享！那是一個互利共享的年代，大家都窮，卻有濃濃的人情味，貧窮的人更願意分享，雖然擁有的不多。反倒是隨著經濟逐漸好轉後，大家都有錢買豬肉吃了。

有錢使人更愛錢

有錢使人更珍惜金錢，因為金錢能換得更多的東西，能滿足更多的慾望，有錢的人更愛錢，果然是沒有錯的。生活中有太多地方需要用錢來打點，食、衣、住、行、娛樂，有錢能讓生活更多采多姿。一開始買的是需要，漸漸地買的是想要。超級市場、百貨商場，各種物品應有盡有、供應充足，改變了人們的生活方式。第一次逛大賣場，看著滿坑滿谷的自取商品，我在想那些過期商品，究竟去了哪裡？生活越講究，丟棄的物品也越多，喜新厭舊是人之常情，舊的不去新的不來，已成了新的常態。我們確實比以前浪費，也耗費了更多地球資源，但是人們已無法回到從前，過著沒有冷、暖器的日子。更是無法想像，沒有車子代步的日子。

無人駕駛的車子，很快就會滿街跑了，而機器人取代人力也指日可待了！僱用一個機器人比僱用一個人廉價太多了！少子化，沒關係！機器人會補足所有人力缺口。沒有溫度的人，充斥這個地球，我們會逐漸習慣。事實上電腦已經

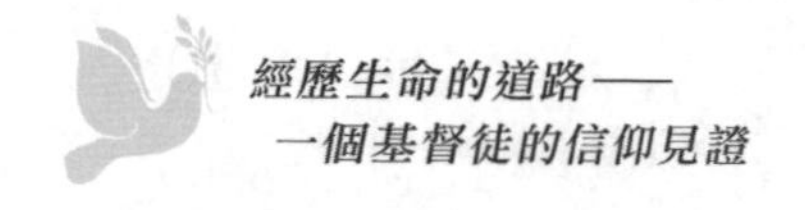

掌控了我們所有的生活，幾乎到了沒有它無法生活的地步。我們無法忍受停電，因為電腦停擺，一切都停擺了！電腦是人腦的發明，可是現今卻是人腦受制於電腦，還動彈不得呢！

日漸敗壞的人心

現今世界十分多變而複雜，人心充滿詭詐，人隱身在網路世界，用假名、用假帳號來蒙騙眾人，騙取金錢，也騙取人對人的信任。現代人將「詐騙」視為「巧取」，詐騙集團利用人性弱點，來操縱人的心理，以獲取龐大金錢利益，受害者不計其數。網路無國界，詐騙行徑也無國界，各種詐騙手法，成了相互串連的專業，跨越國界，到處行騙。詐騙早已成為見怪不怪的日常一部分。詐騙手法不斷推陳出新，連網路購物，也處處藏有詐騙陷阱，稍有不慎就成了受災戶。

現代人的生活，一支手機就能搞定一切，罪惡在網路世界裡犯濫成災，利用網路犯罪的事件層出不窮。人享受網路世界的便利，也承受其帶來的害處。人們早已脫離不了手機，且深陷其中無法自拔。它早已成了生活中的必需品，工作要用到它，學業要用到它，衣、食、住、行、娛樂全要用到它。3C 產品早已成了人們離不了的物品，人們沒有它們就會感覺空虛寂寞，不知怎麼過日子了。打開電腦、觀看手機訊息，是很多人的日常序幕，離了手機就焦慮不安的人比比皆是，網路成癮、網路詐騙層出不窮，很多事都是禍福相依的。人受其利也蒙受其害，卻是在不知不覺之中。人們面臨前所未有的考驗，更加多元、更加複雜、更加富裕、更加便利、更加民主、更加自由，這曾經是很多知識份子想擁有的世界，但是目前的景況大家都滿意嗎？

現今人類的物質生活，已達到前所未有的極大豐富，及時行樂的現代人，在聲色享樂中，找尋生存的意義，各種感官的縱慾無度都被「合理化」，很少有人認為自己的生活方式是邪惡、不義的。有一個有趣的民調，有百分之七十的美國人相信自己會上天堂，也有百分之七十的美國人，相信自己所認識的人會下地獄。但這些統計數字好像兜不攏。人們似乎看自己比別人眼中來的好！但就目前看來，不論就國際局勢或個人境遇，似乎都不是這樣。

人世間，總是充斥著不公不義，人們幾乎視良心道德如無物，「善人受苦而惡者興旺。」當我們遇到不公義的事，我們會感到憤怒，而目睹這一切的神，因何不會感到忿怒？「理智的自滿」、「物質的富裕」、「道德的敗壞」，是現今世界最大的問題。事實上，我們今世的行為舉止，取決於我們對未來的信念；我們對未來的想法，將影響我們明天的所作所為；我們對另一個世界的看法，會深刻地改變我們此生的言行舉止。

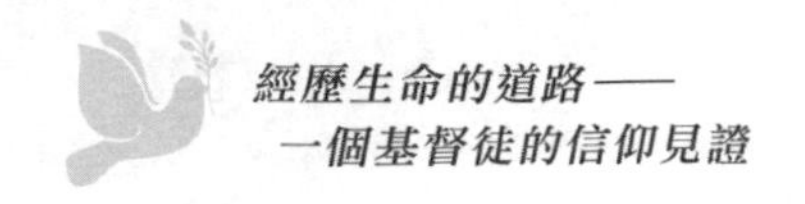

信仰與科學

現今的世代是缺乏信仰的世代，越來越多的人相信科學卻不相信神，人們仍然以眼見為憑，偏偏神的靈又是肉眼所無法見的。只要快過一個速度，人的肉眼就跟不上了，不然追逐的蚊子，因何總經常消失在眼前，蚊子不是不見了，而是我們的眼睛看不見了。現今有越來越多的人相信外星人的存在，並且經常來訪地球，人們拍到許多幽浮的照片，是宇宙飛行器。《創世記》中記載：「**於是神造了兩個大光，大的管晝，小的管夜，又造眾星。**」（創世記一章 16 節）神明確表示太陽、月亮和眾星都是祂所造的。有許多人質疑神在第四日造眾星令人很困惑，人們認為星球的年齡十分古老，怎會是安排在第四日。神造宇宙萬物是個奧祕，祂的每日安排也是奧祕，但是祂很有智慧，安排工作六日休息一日。天文科學研究指出，星星有出生也有死亡，竟是和其他受造物一樣。我們知道宇宙中有無法勝數的星球，在如此多的星球中，只要和地球有相同條件的星球，就有可能有生命體的存在，應該也是極有可能的事。

越來越多人發現空中出現幽浮（太空船），因此外星人的存在有越多人相信。我們如果相信外星人（被造物）的存在，因何不相信神（創造者）的存在，這顯然是個矛盾的問題。或許我們並不真正希望有神存在，因為神和我們太密切了，祂幾乎知道我們的所言所行，包含純正或不良的動機。我們不喜歡活在像是監視器底下，所有言行舉止，一舉一動都無所遁形。如果人相信有神，當會更約束自己的言行，至少會在意，在審判日時，如何面對審判！

神為地球創造了萬物，提供人類的需求，提供豐富的供應。但是人類並不因此為足，結果製造了很多人類自己也解決不了的問題。全能的神必定知道解決的辦法，而且一切都在祂的規劃之中。耶穌曾說，祂也不知末日是何時，只說那時辰，只有父神知道，而那日，耶穌預告祂將會再來，提走蒙救的基督徒，與已經離世的基督徒團聚。但是要等待審判之後，才能知道最後的去處，天國或是火獄。

名義上的信徒

世界上的各種宗教，名義上的信徒，遠比我們知道的多更多，他們對於自己的信仰究竟是什麼並不關心，對信仰上的神，也不是很了解，他們遵守很多儀式，用儀式來代表虔敬，但是真正關心自己信仰的人並不多。太多人認為人生只是一趟來去，不帶來什麼也不帶去什麼，所以認為人生在世，就是盡情享受今生所擁有的一切，因為一旦死亡，一切就歸於無有了。問題是，如果人生不僅僅是這樣呢？在末日來臨的時候，當你失去一切的時候，你還能擁有什麼？當一個人面臨死亡的時刻，回顧一生，你所信的一切，是否對你有所幫助，能否在今生或是來生都有助益？

東方宗教，大都相信輪迴轉世的說法，因此往往期待來生，希望活得比這輩子好，但是得要輪迴多少次才能修成正果，不必再受輪迴之苦？現今的世界，環境條件將越來越惡劣，來世會比今生好嗎？就地球環境而言是不會的，而且有很多事情，也不是錢所能解決的。災難會如產婦的陣痛一樣，越來越密集，越來越劇烈，而痛苦將一直持續到世界的末了。靠人自己克服不了人性，就如每回都重修再來的學生，沒有人指導，光靠自己努力也難以達成，就是因為力有未逮，否則因何總是重來？我們需要神介入我們的生命中，有神教導，有神引導，人才能攻克己身，叫身服我！這是不倚靠神，做不到的。

永生的盼望

在我生命中最重要的一件事，我認為是永生的盼望。今生是短暫的，來生是永遠的，我不知道我的來處，但是自從與主耶穌相遇，祂成為我生命的主，就不再是同樣的人了。我認真看待神、敬畏祂、尊崇祂，眼目單單注視祂，順服祂所說的話，聽從祂要我做的事，神使用願意被祂使用的人。我向祂尋求引導和智慧，來從事神的工。我要成為一個懂得感恩、懂得感激、並懂得知足的人。我的人生再也不願重來，我要在今生緊緊抓住神的手，快跑跟隨神，既蒙拯救，就期待自己聖潔能見主面，能進神的國，與神永遠同在。「受洗」只是跟隨主的開端，遵主教導而行，信靠神，是要持守一生的過程，沒有神的幫助，靠我們自己無法做到的。世上最簡單最單純的事，莫過於全心全意、專心致志地跟隨神。全心全意的人得以過簡單的人生，只要單純朝一個方向走，就是朝著神的方向走。簡單的意思就是「一」：「不摻雜的」，「完全沒有第二手的複雜化。」「單純」的意思也是「一」：「不與其他任何東西摻雜。」「獨一的神」是忌邪的神，希望我們「專一」的對待祂，眼目定睛於祂，而沒有別的心思意念。做單純的自己，複雜的人生，缺乏具體目標又很疲累。「生命越豐滿，生活越簡樸。」

葡萄園招工的比喻

我今年已經 57 歲了！下定決心事奉主，是基於感恩的動機，感恩的心使我看見神不止息的愛，這使我和神的關係更有信心，而這個關係也正是力量的來源。讓我有力量為主作工，且不斷將榮耀歸給神。

耶穌的比喻中，有一個葡萄園招工的比喻，主人對於早來和晚來的人，都付了一樣的工價，這是神的法則，是神自己決定祂國度的獎賞系統，並不受限於人的計算方法。何時被選召出來服事，主權在神。因此何時開始事奉，對神而言都是一樣的，從工價就可得知，神不在意人的事奉時間和事奉功能，只要願意進到葡萄園來做工，神都一視同仁，不偏待誰！每個人走入耶穌生命的時間不一樣，能明白神的旨意和差遣的時間也不一樣。有一回神對我說：「明智傻子」會得到「智慧」和「豐富」。傳福音的事工，不是一件容易的事工，福音是傳給願意相信的人，問題是要使人相信並不容易。從《聖經》第一卷《創世記》開始，很多人將其視為「神話傳說」，就是當故事聽聽，不一定確有其事。很多考古學者，依據《聖經》來考古，很多事都證明確有其事，《聖經》是一本誠實的書，書中記載也是確實的，唐太宗說：「以銅為鏡可以整衣冠，以史為鏡可以明得失！」而《聖經》正有此功能。

聖經中的啟示錄

《聖經》的最後一卷是《啟示錄》，凡是看過的人，都很難明白它在說什麼？因為它是一本預言書，是未來的時空環境，而且其中的人、獸、場景都有其象徵意義，所以看起來很令人難以理解。二百多年前的人，也很難想像今日的世界啊！《啟示錄》敘述耶穌再來前，會有一些末日景象，例如七印、七號、七碗都是大災難，這很像生產過程的陣痛，一開始不太規律，越是臨產就越規律了，一次比一次更巨烈，一次比一次更短促。《啟示錄》記載，大災難的時間是「四十二個月」與「一千二百六十天」，兩個日期合起來是七年。有關「七印」之災源於人類；「七號」之災是自然環境的惡化所致；而「七碗」之災則是直接由天使傾倒下來。事件不斷加速，「七印」的時間似乎很長，但是「七號」、「七碗」，卻是以月，甚至日為單位計算。《啟示錄》的作者約翰，因宗教因素被囚禁在愛琴海上的拔摩島，他「聽到」、「看到」一連串令人驚奇的「聲音」和「異象」，同時一再被告知要把一切都記下來，這些以口語和視覺形式臨到他的「啟示」，完全出乎意料之外。約翰是耶穌的十二個門徒之一，也是十二個使徒中，唯一壽終正寢的一位。約翰被稱為耶穌所愛的門徒，所以神啟示他寫下《啟示錄》來告知世人，將來末日景況和新天新世的盼望。

生命中最重要的一件事，當是有正確信仰，在我們生命終了時，能夠幫助我們。我們應當知道，在生命過程中危害越多人，最後的時刻，所有的罪將全數歸在我們身上。有些罪能被赦免，有些罪則赦免不了。當然主權在神，神有赦罪的權柄，最終每個人都需接受審判。幾乎所有宗教信仰，都認為善惡終有報，只是報的方式不盡相同而已。人生在世不要總是將目光放在別人身上，若不是為了比較，就是為了爭競，人們為了「錢」和「權」汲汲營營、勞碌終身，不管如何眷戀，終究需要放手。我們握緊拳頭來到這個世界，卻是鬆開兩手離開。人生抓取再多，都需放手離開，而人能夠帶走的是人的靈，靈的品格就是聖靈的果子，那是要向神交帳的成果。所以一個人即使擁有再多《聖經》知識，行不出來也是枉然。我們和神都是個別的關係，我們影響不了別人，別人也影響不了我們，會有影響的唯有個人和神是處在何種屬靈狀態，「我們屬世界越多，屬靈（神的靈）就越少。屬靈（神的靈）越多、屬世界就會越少。」

悔改的福音

「有主的人不要活得像沒有主的人一樣，那是生命沒有更新的人。」耶穌向我們傳的乃是「悔改的福音」，缺乏自省能力的人難以悔改，自以為義的人也難以悔改，自以為是的人更難以悔改，沒有悔改如何得救？一個人必需先認錯，才能求原諒，不是嗎？身為基督徒，世人會根據我們的行為，而不是我們的語言，判斷福音。「言行不一」、「表裡不一」都是不討神喜悅的人。例如：我們幫助人的動機，不應是為了報酬或他人的感恩圖報，錯誤的動機，失去所有美意，不可不慎！正確的思想、正確的行為，必定來自正確的源頭，我們必須經常回到主面前，求祂光照顯明我們真實的自己，唯有這樣才能真正悔改轉向神，悔改是指知道自己的錯誤，非常懊悔，以至於住手。一個人如果一再認錯、一再悔改，總是犯同樣的錯誤，那就不是真正的悔改，不只欺騙自己也欺騙神，那是更不好的行為。

屬於誰就會像誰

耶穌傳講福音訊息，既「論福」也「論禍」，怎麼做會帶來祝福，怎麼做會招來災禍，耶穌講得十分清楚明白。神愛我們，所以希望我們走向正確的道路，而不是滅亡的道路。基督信仰屬於道德範疇，而非理智範疇，它是要活出來的，思想的作用就是幫助我們將它活出來。

我們相信「末期」會如何，將深深地影響我們對今世的觀點和言行。這個世界並不是屬神而是屬撒但的，撒但為了多得靈魂，願意百般迎合人，而耶穌不屬這世界，地上的一切都是反神的道而行。要分辨自己是屬神或是屬撒但也很容易，跟隨誰、認同誰，就會像誰。如果總愛說謊、好論斷人、缺乏誠信、不知節制、為所欲為、放縱自我、縱情聲色、愛權愛錢、不以自己所有為足，貪戀世界的一切。自身所言、所行，都和耶穌所教導的相去甚遠，那麼跟隨的對象，一定不是耶穌而是撒但。神給人自由意志，在這短短的人世間，跟隨誰，就成為誰的子民，不可不慎！不屬耶穌的人，難以找到神的道路，是遵行主的教導的才能找到耶穌。

我答應主，為主所用，只要祂給我清楚的指令，我一定順服到底。我深知祂的一切都是正確的。神使我有正直的心，行在正直的道路上。能夠清楚明白神的教導，是一件十分恩典的事！人都愛當喜鵲，不愛當烏鴉，喜鵲報喜，烏鴉報憂，但是禍福相依，如果神忽略惡行，或是從不懲罰罪惡，就不能算是真正的公義了。「隱惡揚善」把惡隱藏起來，只把善宣揚出來，是人類普遍的作法，所以這個世界缺乏公義。隱藏的惡仍在黑暗處繼續橫行，把持著不公不義的事。世界上有很多犯罪行為是警方無法偵破的，導致法院無法作出懲罰的裁決，讓許多罪犯以為他們可以逍遙法外。而神會讓任何人無法在任何事件中逃脫，所有罪惡、罪行和犯罪行為，全部都必須受到制裁，人類無法做到的，神會做到。

耶穌的追隨者

耶穌來到這個世界，祂並沒有強迫人來跟隨祂，祂奇特的言行舉止，連祂家裡的人都以為祂瘋了！祂在世上的兄弟，經常嘲笑耶穌所傳講的國，在人看來，那是不可能存在的地方。但是在耶穌死後，經歷三日復活而升天，耶穌的兄弟才恍然大悟，耶穌所說的都是真的！因而在耶穌死後成了追隨者，協助管理教會事務，並因而殉道。沒有人會為無稽之談，獻上生命做代價！而現今的世界，有人信耶穌是神，而有人不信，猶太教不信耶穌是他們盼望的彌賽亞（救世主），但是他們等候二千多年了，彌賽亞仍未出現。而伊斯蘭教，相信耶穌是先知而不是神。很多信仰都十分敬重耶穌，因為耶穌的言行舉止超過一般人的思維，祂的言語不是人的言語，因為人說不出神的話來。而祂的教導和這個世界也相去甚遠，標準太高，人們自覺難以做到，沒有聖靈的幫助，確實難以達成。

基督耶穌雖然升了天，但是並沒有撇下我們，祂和父神差了聖靈長住基督徒心中，守保虔敬信徒的心思意念，能有正確的言行舉止，直到見主面為止。許多人選擇走上通往地獄的道路，不是因為他們不了解，而是因為他們不相信。一個不信神的人，如何能進神的國？神也不會揀選這種人進入，因為一個不承認自己家庭的人，如何能成為家中一份子。神不是獨裁者，不會讓人信也得信，不信也得信，脅迫從來只是黑暗權勢的作為，要也得做，不要也得做。所有人都是有自由意志來作決定和選擇的，相信和不信，往往是人生最大的轉折，得救與不得救的鑰匙，掌握在我們自己的手中，要不要拿鑰匙開門，就看我們自己了！

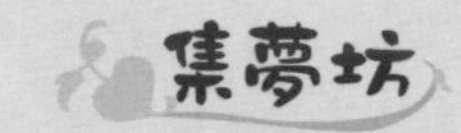

經歷生命的道路
一個基督徒的信仰見證

出版者●集夢坊
作者●劉千瑤
印行者●全球華文聯合出版平台
總顧問●王寶玲
出版總監●歐綾纖
副總編輯●陳雅貞
責任編輯●蔡秋萍
封面繪者●林芸安
美術設計●陳君鳳
內文排版●王芊崴

國家圖書館出版品預行編目（CIP）資料

經歷生命的道路：一個基督徒的信仰見證／劉千瑤 著
-- 新北市：集夢坊出版，采舍國際有限公司發行
2021.10　面；　公分
ISBN 978-986-99065-7-9（平裝）
1.基督教　2.見證　3.信仰

244.95　110016353

台灣出版中心●新北市中和區中山路2段366巷10號10樓
電話●(02)2248-7896　傳真●(02)2248-7758
ISBN●978-986-99065-7-9　出版日期●2021年10月初版

郵撥帳號●50017206采舍國際有限公司（郵撥購買，請另付一成郵資）
全球華文國際市場總代理●采舍國際 www.silkbook.com
地址●新北市中和區中山路2段366巷10號3樓
電話●(02)8245-8786　傳真●(02)8245-8718

全系列書系永久陳列展示中心
新絲路書店●新北市中和區中山路2段366巷10號10樓　電話●(02)8245-9896
新絲路網路書店●www.silkbook.com　華文網網路書店●www.book4u.com.tw

跨視界．雲閱讀 新絲路電子書城 全文免費下載 新．絲．路．網．路．書．店 silkbook ○ com

本書係透過全球華文聯合出版平台（www.book4u.com.tw）印行，並委由采舍國際有限公司（www.silkbook.com）總經銷。採減碳印製流程，碳足跡追蹤，並使用優質中性紙（Acid & Alkali Free）通過綠色環保認證，最符環保要求。